そのカワイイは誰のため？

ルッキズムをやっつけたくてスリランカで起業した話

前川裕奈

イカロス出版

スリランカのいろいろな民族衣装をまとったkelluna.のメンバーと。
彼女たちのあたたかい笑顔が大好き!

2023年3月のスリランカ出張中。その日出勤だったkelluna.のメンバーとアトリエ前で。

そのカワイイは誰のため？

ルッキズムをやっつけたくてスリランカで起業した話

はじめに

「マジで痩せなきゃ〜！」

どきっとして顔を上げると、どう見ても健康体型、なんなら細身な子たちが叫んでいた。この手の発言を耳にするのは日常茶飯事だ。しかも、彼女たちが口だけではなく、本当にそう思っていることもよくわかる。街中では「痩せろ！」と言わんばかりの巨大文字で書かれたエステの広告が目に入り、目をそらすようにスマホをいじれば、「痩せるためのエクササイズ10選」を取り上げたウェブメディアの記事が視界をさえぎる。この日本社会で「痩せなきゃ」と口にしたことがない女性はほとんどいないんじゃないかな。

とはいえ、そんな日本でも、最近は良くも悪くも流行りのように「多様性」というキーワードが頻繁に使われるようになった。その流れで、以前に比べたら「体型の多様化」にもスポットライトは当てられてきた。既存の枠組みが広がるのは素晴らしい動きだと思う。しかし、それはそれで今度は「プラスサイズ」のモデルやタレントばかりを起用することで、イコール「多様性」を表現しているつもりなのが日本らしい（プラスサイズと呼んでいる時点で「標準」が存在することになってしまっているのだが……）。彼女らは当然輝き続けるべきだけれど、いわゆるモデル体型・プラスサイズ体型、どちらにも当てはまらない人もこの世の中では大多数。そして、「どちらにも当てはまらないけれど悩みを持つ人」だって数多くいる。

もちろん、逆に増量したくても難しい体質で悩む人もいる。華奢な友人は、「『細すぎてこわぁい』とか冗談で言われるけど、それに傷ついてることは言えない……。細いことをあまりにも良しとする日本社会で、細いことが悩みなんて言ったら嫌味と思われるもん」と言ってたし。

細身、筋肉質、ふくよか、身長が高い・低い、癖っ毛、直毛、色白、色黒、体毛が薄い・濃い、一重、二重、タレ目、つり目、輪郭の形、胸のサイズ、お尻の形……我々はたくさんの要素からできあがったスーパー尊い人間。確かに、自分の全パーツを常に大好きでいるのは難しい。好みもあるし。ただ、画一的な美があまりにも良しとされている社会では、自分を客観視できずに追い込みすぎて過度なダイエットや摂食障害に陥ってしまうこともある。社会や他者が求める「スタンダード・ビューティー」を無理して必死に追いかけた先に、心からの笑顔はあるのだろうか。

これは体型だけの問題ではない。つぶらな瞳がかわいらしい子が、「デカ目がモテる！」の広告に踊らされて、必要以上に目を大きくする化粧をして、その顔にテンションが上がるならまだしも「本当は薄いメイクがいいのに……」なんて思っていたら？　もともと色黒の子が、好きな相手に「色白がタイプなんだ」と言われたことをきっかけに、自分は元の肌の色が心地良いのに、無理して肌に合わないファンデーションで色白を演じていたら？　実際、過去の私はそんなふうに周りに合わせてばかりだった。

「その『かわいい』『かっこいい』は誰のため？」と聞かれた時、「周囲／社会／彼氏／彼女／親／ＳＮＳのため」ではなく、「自分のため」と答えられる人はどれくらいいるんだろう？　本当に推さないといけないのは、「特定の像」を美しさとして提唱することではなく、みんなが各々の個性のまま、萎縮することなく、自身を抱きしめながら笑顔で過ごせることのはず。

10代の頃、決して細い方ではなかった。体型をバカにするあだ名をつけられたことも何度かあった。いわゆる「不健康なダイエット沼」に堕ちたのは、その呪いがあったからだと今ならわかる。一番痩せていたのは23歳の頃。もともと痩せづらい体質だったにもかかわらず、１６２㎝で39kg、体脂肪率も10％台に。でも、そこに笑顔はなかった。その後、反動で60kg台、体脂肪率が35％超えの期間も何度もあった。数字だけでものごとは測れないが、ひとつの参考までに。体重が変わったこと自体はまったく悪ではないのだけど、どんな体型になっても、「イケてるじゃん！」なんて思えることはなく、自分自身を良しとして抱きしめてあげることがなかなかできなかった。

「無理して社会や他者が求める『理想像』を追いかけた先に笑顔はあるの？」と問いかけてみた私自身も、まさに追いかけていた張本人だ。20代まで私を苦しめてきたのは、日本社会が決めてきた限定的な「美の概念」。常に容姿にコンプレックスを感じ、ルッキズム問題と約20年もの間闘ってきた。「ルッキズム（外見至上主義）」という言葉と出会ったのは、もっと後のことだったけれど、この言葉を知り、今までの悶々としたこの気持ちに名前がついたことで、自分の頭の中で「問題」が可視化できるようになった。そして、30代でようやく「ありのままの自分を肯定して愛する＝セルフラブ」が前よりもできるようになったと思う。そのおかげで、当時「痩せるために」していた運動も、今では「自分を愛するため」のライフスタイルとなり、運動のとらえ方も変わった。本当に長い間ルッキズム氏からのパンチを受け続け、たくさんの経験を通してようやく少し生きやすくなる出口を見つけられた。

そんな私だからこそ届けられる、このルッキズム問題の根深さを伝えたい。私は普段から運動もするし、ときどき身体を絞ることもある。しかし、それは社会や自分以外の誰かのためではない。ロードバイクに乗ることや走ることが大好きなのだ。脚がゴツくなろうが、私にとって心が跳ねる瞬間なのだ。レースで良い結果が出せたら、より楽しめるし、何より自分の自信にもつながることもわかる。だからこそ、良いパフォーマンスを出したい時は、身体も絞る。「その『かわいい』『かっこいい』は誰のため？」と聞かれた時、今は「私のため」と笑顔で答えられる。こう答えられるようになるまでには、本当に思い返しただけで疲弊するような時間をたくさん過ごしてきた。

ルッキズムをやっつけるために、スリランカで、30歳の時に「kelluna.（ケルナ）」というフィットネスウェアのブランドを立ち上げた。自分自身の拒食や過食の経験、運動との向き合い方の変化がブランドの裏側にありつつ、スリランカでの経験も改めてルッキズムやセルフラブを発信したいと思う大きなきっかけになった。とはいえ、まだ「はじめに」なのに、ここで語り出すとあふれる思いが止まらなくなってしまうので、この辺の話は本編でじっくり綴ることとする。

とてもありがたいことに、これまでのキャリアは待遇にも人にも恵まれてきたほうだと思う。その環境をすべて手放してでも、まったく経験のない「アパレルブランド起業」というキラキラした陽キャっぽい世界に三十路オタクが飛び込もうと思ったのは、ここまで書いてきた通り、まだまだルッキズムに苦しむ人たちがたくさんいるからだ。問題視すらされない無意識の偏見や、それに基づく悪気のない発言も依然多い。

ＳＮＳの普及が加速することで、画一的な美の象徴である「有名人」以外にもスポットライトが当たるようになってきた。紙の雑誌で目にする有名人と自分にものすごい「格差」を感じやすかった以前に比べて、輝ける舞台は多くの人に用意されるようになった。しかし、それと同時に、「加工」の技術も加速し、かつてあった「格差」が今では現実世界の姿とネット世界の姿との間で生まれてしまうという現象もデフォルト化している。とはいえ、肌艶加工くらいは誰だってしたいよね。加工が悪とは言わない。ただ、塩梅が難しい。脚の細さ、輪郭、目の大きさまで変えられる中で、どこまでが「あり」なのかも、個人の感覚でしかないのでバランスが非常にトリッキーだ。

日本社会にはびこるルッキズムの打撃を受けながら見えてきたのは、悶々とした、なかなか言語化できない「生きづらさ」だった。そんな時、一人だと苦しく、そして何が正解かなかなかわからない。だからこそ、私自身がルッキズムと闘ってきた話を伝えることで、本書が誰かの「自信」と「セルフラブ」につながったら。誰かの背中を押すお守りのような存在にしてもらえたら。少しでも救いや気づきにつながることを願いながら、次頁から綴っていく。

まずは、この本を手にとってくれて、ありがとう。今、自分の容姿に悩んでいる人も、そういう人が身近にいる人も、まったく知らない世界だという人も、自分大好きノープロブレムなんて人も。自分の見た目が嫌いだった少女が、セルフラブに辿りつくまでの約20年間を、どうかのぞいてみてほしい。

そのカワイイは誰のため？　ルッキズムをやっつけたくてスリランカで起業した話　目次

第1章
容姿でこんなにも変わる世界
小学生～社会人［コンプレックス編］

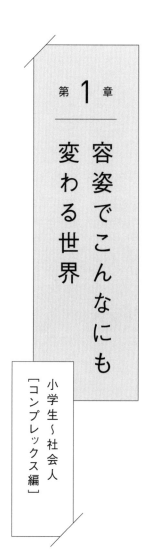

第2章

本当にそれが「美しい」？

アメリカ〜インド&スリランカ
［気づき編］

第3章

いざ、社会起業家に

起業準備～誕生
［kelluna.のタネと芽吹き編］

第4章

「より笑顔になれる社会」を目指して

そして今［日本で生きる現在編］

第 1 章

容姿でこんなにも変わる世界

小学生～社会人
[コンプレックス編]

「デブスパッツ」という衝撃のあだ名

デブスパッツ。「スパッツを穿いているデブ」という意味だ。こんな衝撃的なあだ名がつけられるなんて、小学生ってなんて意地が悪いんだろうと思うけれど、これが小学校5年生の時の、私のあだ名だった。

5歳から小学校5年生になる直前まで、私は父親の仕事の都合上、イギリスとオランダで暮らしていた。当時、好きだった休日の過ごし方は、少し遠くにあるパンケーキ屋さんに車で両親に連れて行ってもらい、巨大なパンケーキを食べること。とにかくカラフルで、巨大なパンケーキだった。もしかしたら、今見たら普通のサイズなのかもしれないが、小学生の私にはその大きさ自体にご褒美感があり、たまらなかった。

オランダでは、田舎のエリアに住んでいたので、近くにマクドナルドがなかった。マクドナルドのあるエリアに車や電車で行くことが、私にとって「都会に出る」という感覚で、マクドナルドは今よりずっと特別な場所に感じていた。月に1回は両親に「次はいつシティに行く?（＝いつマクドナルドに行く?）」と聞いていたくらい、マクドナルドに行くのはワクワクする特別な時間だった。

さらに、今でもオモチャがオマケについているお菓子（いわゆる食玩）が大好きな大人なのだが、当時も、ヨーロッパでは定番の「キンダーサプライズ」注1という卵型チョコの食玩が大好物だったので、スーパーに行くたびにおねだりしていた。買ってもらうために、苦手な英語の宿題を早く終わらせる努力もしていた。

食生活が荒れていたわけでは決してないが、パンケーキとマクドナルドとキンダーサプライズが大好きだった私は、どちらかというと、ぽっちゃりしていたのかもしれない。ただ、ヨーロッパで過ごしている中で、それが気になったことは一度もなかった。周りに言われたことも一度もない。むしろ現地の学校で過ごしていて、気に

チョコレートが特別おいしいわけではないのに、食玩というだけでテンションが上がる。

なる点といえば、真っ黒な髪が少数派だったことくらいだろうか。むしろそれを理由に、ポカホンタス[注2]の衣装で学校に行ったことがあったくらい「他人と違うところ」を誇りに思えるタイプだった。あの頃は。

そして、「レギンス一枚穿き」（当時は「スパッツ」と呼ばれていた）は、イギリスやオランダでは、よく目にする格好だった。上半身は短めのセーター、下半身はレギンスのみ。これは小学生にとどまらず、大学でもトレーナーにレギンスで授業を受けている生徒は多い。むしろ日本の学生は、学問の場でも割とオシャレをしていてすごい、といまだに思う。そんな私も、ヨーロッパ生活ではレギンスだけで学校や公園に行くことが多々あった。親もその文化に慣れきって、「日本人はそれをしない」とは特に思っていなかっただろう。

ポカホンタスの衣装で登校。ネックレスまで似たものを探して買ってもらった。

忘れもしない、帰国後に大好きだった黄色の毛糸で編まれたセーターに黒いレギンスで日本の小学校に行った初日のこと。いわゆる転校生だったが、イギリスやオランダでも転校は何度もしてきたので、なじめる自信もあった。基本的に天真爛漫で明るい性格だったので、心配ごとをするタイプでもなかった。この頃が人生で一番の「陽キャ」だったかもしれない。だが、子どもとは時に酷で、わりと思ったことをすぐ言葉にしてしまう（それが良い時ももちろんあるが）。

「お前、下に一枚穿き忘れてるぞ！　デブすぎて入らなくてスパッツだけなのか？　デブスパッツじゃん（笑）」

その瞬間、なんだか生きてることが恥ずかしくなった。

帰国子女あるあるなのかもしれないが、その後もなじめないことが多かった。たとえば、デブスパッツと呼ばれながらも友だちを作りたくて、大好きなマクドナルドに誰か誘おうと思った時のこと。幸い、今度はマクドナルドも徒歩圏内にあったし。

「マクドナルドに行って『ナゲッツ』食べようよ〜」

「ナゲッツ？　ちゃんと日本語しゃべれよ。『ナゲット』だろ！　これだからデブスパッツは」

確かに、日本ではあのメニューのことを「ナゲット」という。しかし、イギリスやオランダにいる時は英語を使っていたので、当然複数形の「ナゲッツ」と言ってオーダーしていた。そもそも5ピースからなので、厳密には「ナゲッツ」が正解なのだ。それに「日本語しゃべれ」と言うが、そもそも日本語ならナゲットでもナゲッツでもなく「鶏肉」だろう。しかし、子どもにとってはそんなことはまったくもってどうでも良いのだ。

一度ついてしまったネガティブなあだ名から「ネガティブな存在」感が印象づいてしまい、それが広まれば広まるほど「いじられる存在」が固定化して、何をやってもうまくいかなかった。大好きな黄色のセーターとスパッツを合わせることは、二度としなかった。黄色のセーターは悪くないのだが、セットでトラウマになってしまった。親にも「二度とあれを出すな」と泣きながら怒った。容姿に関するあだ名ひとつで、生活が一気に窮屈になった。

当時よく流れていた洗顔料ダヴ[注3]のTVCMで、少し太めの体型の女性が「ダヴならぁ〜、砂漠状態のお肌にぃ〜(以下略)」と言っていた。私は、当時「デブスパッツ」と呼ばれ続けたことで自己肯定感を叩きのめされながらも、なんとか頑張ろうと数か月は思っていたらしい。自分が「デブ」として扱われるなら、いっそのこと自虐ネタに走ろうと思い、そのＣＭの真似を学校で披露した。

それはウケた。そっくりだと言われ、「ダブナラ」という2つ目のあだ名がついてしまった。毎回あだ名の語呂は良い。しかし、自ら飛び込んだものの、やはり気分は良くなかった。ポカホンタスの衣装で登校できたくらい自己肯定感高めだった私も、小学6年生になる頃には、帰宅後たんすの中に隠れて泣いてる日がよくあった。その時の「友だち」は漫画とアニメくらいだった。

「本当に辛かったら転校してもいいよ。でもあと1年だし、この悔しさをバネにしながら受験勉強を頑張って、自分が気に入った中学に入って楽しい時間を自分で開拓してみてはどう？」

心配した母親は私に逃げ道を与えながらも、前に進む強さも教えてくれた。その頃から、私はなにがなんでも第一志望に受かってやる、と闘志を燃やすようになった。昔から負けず嫌いなところはあった。そして、受かった。

注1　卵型のチョコレートの中におもちゃが入っている玩具つきお菓子。
注2　ディズニーのアニメーション映画。黒髪の少女が主人公。
注3　ユニリーバ・ジャパン社の洗顔料。ＣＭは1999年に流れていた。

漫画のヒロインとは真逆なオタク中高生

「デブスパッツ」「ダブナラ」という2つのあだ名と暗黒時代におさらば。帰国子女も多く、良い意味で動物園のような中高一貫の女子校に進学した。この6年間は、中高生らしい悩みはあったものの、私にとってかけがえのない楽しい日々だった。12歳から18歳という6年間は、精神的にも身体的にもとても成長する時期。この思春期をずっと同じメンバーでともに成長するのはなかなか面白い。その成長を知っている同士だからこそ、今でもつき合いのある親友もいる。この本を書くにあたっても、当時の容姿の話や悩みも一緒に回想してもらったりもした。それくらい、この6年間は私にとって「逃げたい」と一度も思わない日々だった。でも、そんなポジティブな環境に身を置けたにも関わらず、容姿コンプレックスからは卒業できなかった。

中高では変なあだ名をつけられることは免れたものの、小学校の時から崩れはじめた自己肯定感の低さと、容姿コンプレックスは想像以上に根深いものだった。

「デブスパッツ」だった頃、唯一の友だちだったアニメと漫画の世界には、中高生になっても趣味としてどっぷり浸かっていた。そして、二次元の世界を楽しみながらも、そこでもひとつ、ずっと気になっていたことがあった。当時の漫画（主に少女漫画）のヒロインは、大体いつも脚が異常なほどに細くて、ミニスカを穿いていて、髪の毛がサラサラ。カラーの絵になると、たいてい肌の色は白め。目は大きくてキラキラ。確かに、今では漫画に出てくるキャラクターのフォルムもかなり変わってきたと思う。（大人になっても、大親友的存在として漫画をいろいろ読み続けてきたのでわかる。当時から今に至るまで、一貫して私は「オタク」だ）でも当時は漫画やゲームのキャラクターにも、現実世界と同様に、わりと一種の決まった「テイスト」のようなものが定まっていた。むしろ二次元だからこそ、それがより過度だったように思う。もちろん、これは二次元の世界だし、いうなれば「絵」なのだが、SNSもなかった当時は「紙の雑誌」「テレビ」「漫画」という世界が「自分が目指す憧れのもの」にもなっていた。漫画に出てくるような「細い」「直毛」「色白」が「カワイイ」ための3大要素だと、私の脳内には無意識に刷り込まれていたのだ。

かたや私は癖っ毛、わりと地黒、そして当時はスパッツを履かなくなっていたけど、心の中はいつまでも「デブスパッツ」ちゃん。どう考えても、漫画の世界でチヤホヤされる3大要素は何も持っていなかった。実際に、周りを見てみると隣の席の子は細かった。よく一緒に追試や補習を受けていた子は、とっても自然なサラサラヘアーだった。一緒に「ダイエット部結成！」なんて冗談半分でいっていた子は、肌の色が白くてキレイだった（ちなみにこの「ダイエット部」の活動は、廊下で朝なわ跳びをする、というめっちゃ迷惑な部員2名の活動で、数週間で解散）。もちろん全員が全員ではないが、どれかしらの要素を持っている子は「勝ち組」だと勝手に思い込み、自分は「負け組」なんだと心のどこかで常に思っていた。いくらネガティブなあだ名から脱したとはいえ、「自分の姿は劣っている」となんとなく思い続けていた。無意識にね。けれど、友だちに恵まれ、楽しい日々を送っていたので、学校自体はとても楽しかった。

しかし、成績はすこぶる悪かった。もともと、私は昔から「なんのため」という理由や目的がはっきりしていないと、頑張れないタイプだ。みんなが部活を頑張る理由もわからなかったので、帰宅部だった。これは中高6年間唯一の後悔。ただ、理由や目的さえ明確になり、そこに納得すれば、異次元級な不屈の精神を発揮しながら頑張れる。この部分は、昔から今に至るまでまったく変わらない。

小学校の時は、受験する目的は「あだ名と決別し、楽しいと思える環境に自ら変える」というものだった。しかし、学校に入ってからの勉強は意図がわからなかった。正直、私立の中高一貫校だったので、落第や退学も稀。成績上位をキープできなくても進級はできてしまう。

勉強の理由やきっかけなんて、些細なもので良かったのだろう。たとえば、「歴史の授業をちゃんと聞けば、旅行に行った時にもっと楽しめる」「社会人になった時に数字は生活から切り離せないから、数学はやっておいた方が得だ」「英語をしっかり身につけておけば、海外にも友だちを作れる」とかね。本当になんでも良かったのだが、学校では誰もその「勉強する理由」を教えてくれなかったので頑張れず、成績は下から数えたほうが早かった。いや、最下位だったこともある。２５０人中２４８位だったときは、「後ろにまだ2人いる」と安堵していたら、自分とその2人が全員同じ成績の最下位２４８位、という展開もあった。そもそもなんで露骨に順位なんてつけなければいけなかったのだろう。

高校に入り、だんだんと自分も周りも大学受験について考えるようになった。けど、成績は悪いし、受かったところに行ければ良いかな、程度に思っていた。

そんなある日、「慶應に入れば、イケイケになれるっぽい」と友だちに言われた。なんっとライトな発言なのだろうか。なぜ大学に入るだけで「イケイケ」になれるのか意味不明だし。けど、劣等感のかたまりだったがゆえに「イケイケになれる」と聞いただけで突然モチベが爆上がりした。単純な私にとっては、これが勉強を頑張るには十分すぎる理由と目的となったのも事実。10代にとって、少なくとも私にとっては、頑張る理由なんて些細なものでかまわなかったのだ。イケイケになれるなら、慶應とやらに受からなくては。

私は、自分が納得する理由さえあれば、その目的に向かって不屈の精神が爆発的に発動するのだ。そこから、猛烈に勉強した。そして慶應になんとか受かった。とはいえ、実は受験した大学はすべり止め校含めてすべて落ちて、第一志望だけ合格したのだ。第一志望しか眼中になかったので、その大学の赤本と試験対策だけ血眼になってやっていた。ほかの大学の傾向を見たり、まんべんなく安全な試験対策をしたりは一切なかった。こういう極端なところは、今も変わらないのかもしれない。ギリギリの生き方。

それまで成績の良くなかった私は、当然それなりの勉強量をこなさないといけなかった。が、自分の部屋で勉強していると、つい漫画に手がのびてしまう。そして集中するためには、なんといっても糖質が必要だ。というわけで、毎日、放課後はスタバのジャバチップ・フラペチーノのベンティサイズ[注4]にお小遣いを使い果たしながら、一丁前にスタバで勉強をしていた。もはや「デブスパッツ」どころではない、人生最多の体重に到達した。フラペチーノは決して毎日飲むものではない。ちなみにジャバチップ・フラペチーノはもうメニューにはないらしい。この時からなくなってくれていれば……。

さらに、いわゆる糖質依存症を発症していたのか、お腹が空いていなくてもポテチを食べながら勉強をする生活がデフォルト化していた。第一志望に受かった代償は、かなりの体重増加とニキビだらけの顔。慶應に入学してもけっっっっっして友だちの言っていた「イケイケ」にはならなかった。ただ、私は潜在的に「容姿コンプレックスとは一生つき合っていかないといけないし、もういいや」と、なんとなく開き直りというか、あきらめのような部分もあった。「デブスパッツが痩せることはない」と思い込んでいたので、特に痩せる行為にも興味はなかった。だって、私は、漫画のヒロインにはなれないのだから。

こうして、嫌なあだ名のついた小学校からは卒業しても、「デブスパッツの呪い」からは卒業できなかった。最高に楽しい中高時代を送りながらも、容姿（主に体型）のこととなれば「自分はどうせ……」というマインドがこびりつき、受験を頑張って奇跡の合格を果たしたところで自信が回復するわけでもなかった。理由さえあれば、思った以上に勉強は頑張れるし、不屈の精神が強いという部分での自信がついたのは良い経験だったけど。

私にとって、この呪縛のはじまりは「デブスパッツ」となにげなく呼ばれたことだった。けど、たとえこのあだ名がなくても、人生のどこかで容姿について悩みはじめるトリガーとなる別の発言を浴びてしまえば、それが脳内から払拭できずにいただろう。私にとっての「デブスパッツ」が、ほかの人にとっては別のあだ名や発言、経験として、なにかしらあるかもしれない。

逆に、無意識のうちに自分がそれを植えつける側にだってなっているかもしれない。目が大きい子に「金魚っぽい」と言ってしまったり、背が大きい子に「巨人だ!」と言ってしまったり。なにかのかわいらしいキャラクターに似ている子をそのキャラクター名で呼んでいたけど、本人はそのキャラクターをかわいいと思っていたんだろうか。容姿についての発言は、それが好意だったとしても、受け取った本人は潜在的に脳内で呪いにかかってしまうこともある。あだ名じゃなくても、「少しぽっちゃりしたね」「痩せすぎたんじゃない?」なんて言葉も、何かの引き金になりうる。

「デブスパッツ」という種は、どこにだって転がっている。誰にだって発射できる鉄砲玉だ。

注4 スターバックス・コーヒーにかつてあったメニュー。コーヒーにクリームやキャラメルソース、チョコチップがたっぷり入ったフローズンドリンク。ベンティは日本のスタバで一番大きいサイズで590㎖入り。

失恋でマイナス10kg、止まらぬ快感

そういえば、中高時代はあまりにも漫画やアニメといった二次元にどっぷりだったので、リアルの世界で恋愛をすることをすっかり忘れていた、というかあまり興味がなかった。それに6年間女子校だったので、そもそも恋愛対象となりうる人との接点もなかったし、積極的に出会いを求めに行くくらいなら、家に帰って自分の時間を楽しみたかった。当時の女子校の出会い方の定番でもある男子校の文化祭にはときどき出向いたものの、周りでは細くてかわいい女の子ばかりがナンパされていたので、「そうだよね〜」と思いながら帰ったり。

しかし、いざ大学に入学したら三次元の男性が身近にたくさんいた。当たり前のことなのに、最初は少し驚いた。そして、私にも彼氏ができた。

大学に入学するまでは「イケイケになれる」からくるモチベーションのスイッチが押されていたので受験勉強を頑張れていたものの、いざ入学したら、今度は何のために大学での勉強を頑張るのか、何が自分にとって興味のあることなのか、最初の頃はまったく分からなかった。そして、途方に暮れ、またしても頑張れないモードに突入していた。だからこそ余計に、「恋愛」という楽しい扉をはじめて開けたことにより、精神的にも時間的にも、彼との生活にどっぷり浸っていたように感じる。

よくある20歳前後の青春っぽいことをそれなりにしていて、とても仲も良かった。お互いキャンパスの近くにある某家系ラーメンにハマっていて、多い時は授業の合間に週5で通い、「油多め」で食べる時もあった。もちろん私の体型はさらにまん丸に。今思えば、体型どうこうよりも、受験でのフラペチーノ祭りを経てからのラーメン祭りは、どう考えても健康に良くないのだが。しかし、オタク気質な私はハマるとことん。当時、ネット上でパスワードつきでブログを書くことが流行していたのだが、そのパスワードもそのラーメン屋の名前にしてしまうくらいに。

……と、まあ話はそれたが、順風満帆にいっていたと思えていた交際も、ある日終わりを迎えた。私にとって大学生活の大部分を占めていたはじめての彼との失恋。当時まだまだウブだった私は、彼がそばにいないならもうこの世の終わりだ、と感じてどん底に堕ちていた。あの頃の私には、彼以外の生活がなかった。長期間落ち込み、無気力に……。

その結果、今まで痩せたことのなかった私が、まさかの、人生ではじめて痩せはじめた。それまでは、ストレスがたまれば食べていたし、勉強に集中したい時も食べながら頑張っていた。そんな私が、生まれて初めて「食欲が失せる」を経験してしまった。大学の授業も、テストさえ乗り越えれば単位がとれるものを多くとっていたので、一時的に学校にも行かずにずっと無力でベットに横になり続けていた。そんな私を心配した母親が、おいなりさんを部屋まで持ってきてくれたことを、なぜか今でも鮮明に覚えている。それをたった一つ食べ切ることすらできなかった。自分にとってあまりにも衝撃の初体験で、おいなりさんが特別に好物だったわけでもないのに、その瞬間をよく覚えている。

今となっては、恋愛でここまで病むこともなかなかないので、この過程こそがすべて青春じゃないか……と昔の自分を客観視しては微笑ましくも思うが、さらにこの後、減量のレベルが徐々に度を越えはじめてしまったのだ。

もっと痩せて、スタンダード・ビューティー、いわゆる一般的にカワイイとされる見た目に近づくことができれば彼と復縁できるかもしれない、と思い込んでいた部分もあった。決して体型が理由で破局したわけではなかったのだが、まだまだ恋愛に不慣れだった私には、これしか思い浮かばなかった。なんの根拠もなく、容姿コンプレックスのせいなのか、痩せれば絶対また振り向いてもらえる、そんな風にも思った。結局は容姿なんだろう、なんてどこか無意識に卑屈になっていたのかもしれない。食欲がなくなって痩せていく経験をはじめてしたからこそ、そこに運動も取り入れて、痩せられるところまで痩せようと誓った。そのあと、痩せた姿でまた再会したいと思った。

「その『カワイイ』『キレイ』『カッコいい』は誰のため？」

この時の私は、「復縁のため」「愛されるため」という、典型的な他人軸で動いていた。

当時、母親がジムに通ってランニングを楽しんでいて、マラソン大会にも出るほど走り込んでいた。その姿を見て「ランニング」は少し身近な存在だったのか、ほかの運動よりはハードルが低かった。母親は決して「痩せるため」ではなく、娘の子育てに区切りがついたタイミングでの、新たな趣味として楽しんでいた。だからこそ、ランニングの楽しさ、メンタルへのプラスの影響、健康的なトレーニング方法などもたくさん話してくれた。

しかし、当時の私には、そんなことはどうでもよかった。とにかく痩せられればなんでもいいや、とあまり耳を傾けることもなく、ごはんもろくに食べずにとにかく走り続けた。

当然体重は減り、シルエットはみるみる細くなっていった。食べずに走る、という、それまでとはまったく違う行動だったし、そもそも食事からくるエネルギーを摂取していなかったので、パワーは出なかった。けど別になんだって良かった。痩せられれば。

初めての有酸素運動は、とにかく効果が表れやすいものだ。体重もさらに落ちて、どんどん自分が変わっていった。そして、世界も変わっていった。もちろん、ランニングは「痩せる手段」でしかなかった。眉間にしわを寄せながら走っていたと思う。痩せることに集中しすぎて、次第に復縁したいという思いは忘れてしまった。最たる目標が「痩せて周りからほめられること」に変わっていた。彼との復縁というよりは、社会との復縁というか。誰かに認めてもらいたい、そんな気持ちだった。

今まで、自分は「痩せることはない」「日本の『スタンダード・ビューティー』」とやらに当てはまることはない」と「デブスパッツ・マインド」が脳に刷り込まれていたため、特に痩せようとしたことがなかった。ただ、失恋で痩せた自分の身体を見たときは、「自分も痩せられるのか！」と新しい自分に出会った気分で、心地悪くはなかった。

久々に行った学校では「痩せてキレイになったね」と、痩せたことを「正解」としてほめられることも多々あった。何より、今まで避けていたスキニージーンズをはじめて穿けるようになり、大学生らしくファッションにも興味を持ち出した。以前、大学の友だちから悪気なく「ゆうなって顔のパーツはいいのに、なーんか残念なんだよな～」と言われたことを鮮明に覚えていたが、同じ友だちに「最近イケイケじゃん！」とほめられて、内心ガッツポーズを決めたり。今思えば、「顔のパーツ良いね」の一言だけ受け取っておけばよかったし、友だちの基準で「イケてる」必要などまったくない。けれど、20代の私はまだまだ周りの声で自己肯定感を測る必要があったのだ。

当時は写真の加工アプリなんてものもなかったので、もともと全身写真に写ることが苦手だった。しかし、痩せてからは「痩せた私を見て」という思いを込めたかったのか、全身の写真を当時流行していた「ｍｉｘｉ」という日記的なＳＮＳに載せるようになっていた。しばらく会っていなかった友人たちからは、その写真に対して「痩せたね！　すっごくいい」「痩せてキレイになったね」「痩せた！　うらやましい！」などのコメントが続々とついた。私だけではなく、周囲も多かれ少なかれ、年齢的にも環境的にも「痩せたい沼」の渦中にいる人が多かったので、余計にみんな他人の体型を見ていたように感じる。

家族以外から容姿をほめられることがそれまであまりなかった分、痩せたことでほめてもらえる、それに言葉にできない快感を覚えた。「キレイだね」「かわいいね」以上に「痩せたね」というフレーズを精神的に欲している自分が常にいたように感じる。ある意味、努力を認めてもらったことに匹敵すると思っていたのだろうか。スキニージーンズどころか、夏場は短いショートパンツにハイヒール、生脚丸出しでキャンパスを闊歩するようになった。痩せたことで、今までトライできなかった服を身にまとえるようになったのだ。そこからくる自信なのか髪も金色に染め、「自分はもうイケてる人種なんだ」と思えるようになっていた。それまで人より少しぽっちゃりしていた私だが、どんな集まりの中にいても、大体「一番細い」子にまでなった。

SNSの「いいね数」に左右される人生

その後の大学生活も、ずっと痩せることに囚われる生活をしていた。わりと華やかなこともしていて、痩せてからは今でいう「パリピ」のような生活を送っていたと思う。クリスマスには、友人たちと露出多めのセクシーなサンタの衣装でお祝いしたし、ハロウィンではコスプレをするために何週間も前から仲間うちで準備をした。誰かの誕生日には、ドレスアップして自分たちで手配したリムジンに乗ってパーティーをした。私はハロウィンではできるだけ露出の多いコスプレをし、誕生パーティーのドレスアップはボディラインがわかればわかるほど良いと思って、とにかくタイトなドレスを探していた。日本よりもアメリカのブランドのほうがボディコン度が高いものが多いので、わざわざ海外から取り寄せたりもしていた。ある年のハロウィンには、サラシだけを隠すべきところに巻いて、ほぼ裸みたいな格好のミイラになったこともあった。この頃には体重も40kgも切りそうで、コスプレをしなくても本当にミイラ状態だった。

あとはなんと言っても、夏場にビキニで海に行くこと！　これが、自分にとっては一大イベントとなっていた。痩せることを経験するまではスキニージーンズにすら抵抗のあった元「デブスパッツ」な私は、ビキニは別世界の人々が身につけるものだと認識してしまっていた。本来、ビキニを着るのに「ふさわしい体型」なんてないのに。どんな体型の人でも、着たいものを着ればいい。ファッションに法律なんてないのに。そんなふうに俯瞰することもできなかった。ビキニだけはまったく自分に縁のないアイテムだと思っていたからこそ、ついにビキニを着られる自分になれたことに安堵感のようなものを感じていた。

毎年のように仲のいいメンバーで海に行って、みんなで写真を撮ってSNSにアップした。写真やSNSの存在を抜きにしても、ビキニで海に行った時には友だちや周囲に「身体を見られている」という認識がいつも以上に強まって、より「細身のボディラインを完成させねば」という追い込みモードに駆り立てられた。そして当

あばら骨が浮き出て、太ももの間にすき間ができていた時代。

日、みんなは海の家で焼きそばやビールを頼む。けれど、私は何も口にしなかった。それどころか前日あたりからほぼ何も口にしなかった。いや、できなかった。

今の私なら、精神的にも身体的にも健康で、好きなものを着て、笑顔でいることが何よりもの美しさの完成形だよね、と思う。当時の私は細いだけで、写真でもうまく笑うことはできていなかった。

本当に失ったのは体重とともに、本来の内なる美しさや、笑顔だった。こういったイベントで「細い私」の写真をＳＮＳに上げて、みんなに見てもらうことで自己肯定感を高く保っていたのだ。友人たちはみんな外見も中身も美しく、尊敬する子たちの集まりだったので、彼女たちに「ゆうな細〜い」と言われることが、自分にとっては最大級のほめ言葉になっていた。そのためにも、ジムに通い続け、走り続けた。

しかし、この時点で、自発的に「自分のため」に通うジムではなく、「ＳＮＳのいいねのため」「友達にほめてもらうため」「社会に認めてもらうため」のジム通いになってしまっていた。受験の時にも発揮したのと同じ、一度決めたことに関しては、良くも悪くも異常なレベルでの不屈の精神を発揮してしまう性分。これがダイエットに関しても、痩せることを極限的に求め出してしまっていたのだ。少しでも気を抜いてしまったら「デブスパッツ」へ逆戻りの一途を辿る。そう自分に言い聞かせ、ひたすらジムに通い、摂取するカロリーも計算し続けた。常に元に戻ってしまう不安や恐怖心と闘い、痩せていくことに快感と安堵感を覚える日々だった。その感覚すらデフォルトとなり、「誰かに相談しよう」なんて思ったことは一度もなかったし、心の痛みも麻痺していた。あまりにもその苦しみが日常に溶け込んでしまっていた。

ここで当時の「将来の目標」について少し触れておきたい。この頃から「国際協力」を仕事にすることに興味を持ちはじめた。失恋して彼氏との時間がなくなってみると、自分にいかに時間があるかを痛感しだした。授業には再び出席するようになったものの、サークル活動などに積極的に参加したり、いわゆるキラキラとした「キャンパスライフ」を送っていたりしていたわけでもなかった。アルバイトは塾で英語を教えていたのだが、生徒たちの学校が終わる夕方の時間帯からしか稼働しない。授業の少ない平日の日中は今まで彼と過ごしていたが、今後どう過ごすのが良いのだろうか。そういえば、受験勉強だって成績が悪かった分すごく頑張ったのに、その先の大学生活はこんなもので良かったのだろうか。それは勉強を頑張った当時の自分に失礼なんじゃないだろうか——。

この頃からぼんやりと留学することを考えはじめていた。父親が当時インドネシアに駐在していたので、長期休暇に何度か訪れる機会があった。帰国子女だった私は「海外はもう見てきた！」と10代にして一丁前に思っていたが、父親に会いに訪れた途上国は自分の知らない「海外」だった。自分が当たり前のように享受してきた教育は、当たり前ではなかった。自分がなんとなく毎月もらえていたお小遣いの半分以下の額を稼ぐために、児童労働や物乞いをする子どもたちもいた。

「学校も勉強も面倒くさいな」「バイト代が足りない」——そんなことを言ってる自分をすごく恥ずかしく思った。自分が恵まれているからこそ受けることのできた教育や環境を、自己満足ではなく、なんとかして社会に還元していきたい。思春期ながら、いや10代だからこその熱さもあり、そんなことを思うようになっていた。日本ではまだまだニッチな分野だったので、国際協力や開発学が盛んなアメリカに留学して、より専門的な知識を専門家から学んでみたい、という意欲が湧き上がっていた。自分のモチベーションをあげるために大事だった「頑張る理由」が生まれてきていた。この頃から「興味」をもつこと、すなわち心がときめく瞬間を大事にするように心がけて過ごすようになっていた。それは今もそうだ。特に大人になってから、ワクワクしたりドキドキしたりする瞬間はとても貴重だ。だからこそ、自分の心の声には耳を傾けて、大切にすべきだと思っている。私は、心の声に従って留学の準備を進めた。

大学3年生の春、アメリカの大学の留学試験にも無事合格した。念願の国際協力の勉強ができる環境に身を置けることはうれしかった。ただ、なんとなく、アメリカに行ったら気を抜いて太ってしまうのではないか、と行く前から体型維持に一層気を張るようになっていた。

アメリカでの勉強は正直楽ではなかった。ショートパンツにヒールでキャンパスを闊歩していた東京でのキャンパスライフとはうってかわって、睡眠時間を最大限確保するためにも、もはやパジャマのような格好のまま授業を受けたり、平日は図書館に深夜までいたりすることも日常茶飯事だった。いくら幼少期をヨーロッパで過ごし、英語に強い帰国子女の多い中高に通っていたとはいえ、所詮日常会話での英語。大学で専門的な勉強を現地の学生たちと一緒に進めるには、国際協力の勉強だけではなく英語力もそれなりに強化しないといけなかった。さらに、所属していたゼミのプログラムには、アメリカで資金調達をして、実際にアフリカのガーナにゼミのメンバーで行く、という課題が含まれていた。内容は資金調達して仕入れた浄水ストローや教材を現地の学校で配布・支援するプロジェクトに決定。これに向けた準備も、とても大変だったが楽しかった。

それでも私はアメリカにいる間に太ることは許されないと強く思っていたため、どんなに勉強で忙しくても、どんなに留学先の友だちとのつき合いが多くなっても、毎日走り続けた。周りの友だちに「ゆうなってごはんの場でも『太っちゃう』が口癖だよね」と笑いながら言われたこともあった。冗談っぽく言われたこの発言を、私は「そうだ、意識が高いだろう」と肯定的にすら受け取っていた気がする。ランニングをすることで友だちも増え、留学生活を最大限に充実させられていた部分もあるが、明らかに「楽しむため」「自分のため」のものではなく、日本社会が押しつけてくる「スタンダード・ビューティー」から外れないために必死だった。ガーナに行く前に打った予防接種の副反応で、とんでもない頭痛に連日襲われていた時ですら、歯を食いしばりながら走り続けた。プログラムでガーナにいる間は、ほかのゼミメンバーより早く起きて小さな宿の周りを何周も走ったりしていた。

この頃、ガーナでランニングしている時の景色はどんなものだったのか、まったく覚えていない。その時間周りに人はいたのか、道はどんなものだったのか、天気はどんなだったのだろうか。当時、ランニングをしている時の私は心が死んでいた。「自分のため」に「楽しもう」というところからはるかに遠い場所にいて、「やらないとやばい」という「タスク」だった。なんというか、歯磨きをする、みたいな。歯磨きをするときにワクワクした情景描写などなかなかできないだろう。そんな感じ。日々の中で「やらないと」という業務的な感覚だった。やらないとデブスパッツに戻ってしまうもん。

アメリカやガーナにいる間も、ＳＮＳを更新したり、ブログを書いたり、友だちと写真つきのメールを交わしたりしていた。今や死語になった「写メール」の時代真っ只中だ。留学生活での学び、日々の気づき、現地でのパーティーシーンなんかを発信していたが、少しでも太って写っている写真は使わなかった。常に「まだ足り

ガーナでのプログラムをこなしながらも、走ることは欠かさなかった。

ない!!」という焦燥感につきまとわれていた。本当に心の底から自分はまだ痩せ足りないと思っていたし、いくら周囲に「これ以上どこを痩せるの」と言われても、お世辞だとしか思えなかった。周りから見えている自分と、鏡で見る自分の姿は異なるものだった。

冒頭のレギンス一枚穿きの話にここで少し戻る。アメリカに留学することで、まさにレギンス一枚穿き文化に私は帰ってきたのだ。ヨーロッパから日本に転入した小5の私は、日本でレギンス一枚穿きをすることで「デブスパッツの呪い」に簡単にかかってしまったが、ここにきて再度レギンス一枚穿きに恐る恐るチャレンジした。もうデブではない私の、スパッツへの再挑戦だ。この数年で私はめちゃめちゃ痩せたし、もう「デブスパッツ」じゃない。キャンパスにいる大勢が、レギンスを一枚で穿いてトレーナーを着て勉学に励んでいたので、私がいじられることなどなかった。やっと、少しずつ「デブスパッツの呪い」から自身を解放できたように当時は感じていた。

しかし、むしろ逆だった。痩せることでしか、その呪いから解放されない——そう自分で一度答えを出してしまったがゆえに、この不健康なマインドと食生活を続けるしかない。それは本当の解放ではなかった。レギンス一枚穿きが文化的に不自然ではない環境にいる。

だからいじられることなんてそもそもないのに、自分の中では「痩せたからもういじられずに穿ける」と思い込んでしまっていた。

留学から帰国し、卒業後に夢だった国際協力の分野での仕事に就くかについて、何度も自問自答した。当時のガーナでのプロジェクトは、自分たちが学生だったため、どうしてもアウトプットに限界があった。本業の実践者と留学生のプロジェクトでは差があるのは致し方がないことではあるのだが、当時の私はそれを自分の力不足だと感じ、自信を持てなくなってしまった。結局、その道に進みたい気持ちに一旦ふたをする決断をし、日本で民間の不動産会社に就職をした。

激務だった。深夜残業もデフォルトだ。おまけに宅地建物取引士の資格の勉強もあり、睡眠時間もあまりとれなかった。男女比も偏っていて、いわゆる男社会。いかに男性と対等に見てもらえるか命がけだった。生理痛で休むなど論外。「これだから女は」と言われてしまうことを想像しては、怖くて薬で痛みを抑え続けた。この頃から一人暮らしもはじめたが、いかにオフィスに近く、通勤時間を短縮できるかで住む場所を決めた。通勤時間を短くした分で、ジムの時間を捻出した。時間を優先した結果、高級住宅街といわれるようなエリアに住んだので、新入社員の私には会費が高めのジムだったが、ジムのくじ引きキャンペーンで「一年間月会費無料」を見事に引き当てた。ラッキー。

いわゆる社畜環境にいたものの、痩せるための「タスク」だったランニングを完全にやめる選択肢は私にはなかった。歯磨きをやめることはない、その感覚と同じで、ランニングをやめることはないのだ。走りたいわけではなかったけど、走らないといけない。太りたくない。「自分は人よりも一日の『タスク』が多いから、残業をしている余裕なんてない」とも思っていた。もちろん仕事を通して成長はしたかったが、ランニングをする時間も確保しないといけない。だから自分には時間が限られているように感じた。そして、働きながらだと、どうしても大学生の時のような頻度で走り続けることは難しい。となるとさらに食事を減らすしかないという答えにいきついた。私は米、パン、麺類を10か月間一切食べなかった。

朝から深夜まで働きづめの生活だったにも関わらず、1日飴玉3粒しか口にしない日も多々あった。飴というお菓子を食べるくらいなら、ちゃんとした食事をとった方がよほど健康的なのだが、私はとにかく「食べる量を限界まで減らす」という過酷なゲームを勝手にプレイしていたのだ。食事や栄養、ダイエットに関する正しい知識もなにもなかった。

勤め先のビルの別のフロアで大学時代の親友が働いていたので、ときどきランチの時間を合わせて一緒に食事をした。その時も私は基本的にサラダが頼める場所にしか行かなかった。おいしいお店がたくさんあるエリアだったので、グルメな親友は行きたいところがたくさんあっただろう。それなのに、私がいつも野菜しか食べなかったことで「ゆうなが食べられるものがあるお店に行こう」と気をつかわせてしまう始末。

そんなある日、彼女に叱咤された。

「昔から痩せることにこだわっているけど、以前はまだ一緒に食事やお酒を楽しめた。最近は食べるものがあまりにも偏っていて心配だし、一緒に楽しめる時間が少なくなったことに気づいてほしい」

普段あまり自分の思いを強く主張するタイプではない彼女に、こんなことを言わせてしまった。申し訳ない。雷に打たれたような気分だった。恋人とのデートで「ご飯どこにいく？　何か作る？」と聞かれても、選択肢をかなり狭めてしまっていたし。いろいろな人に迷惑と心配をかけてしまっていた。そんな自分がもうほとほと嫌になってきた。

それなのに、「本当に痩せてキレイになったね」といった言葉を、ほめ言葉としてかけてもらうたび、「少しでも太ったら美しくないんだ」とネガティブにとらえてしまい、なかなかダイエット沼から抜け出せなかった。苦しくなっていた。「デブスパッツ」時代の私を知らない人は「細いのにダイエット頑張る必要ないのに、すごいね、エラいね」と言う。ダイエットをやめたら、エラくないし存在価値はないのだろうか。そう思うまでに脳みそが疲弊していた。健康的な生活や食事が欠如した状態だと、人はメンタルも大概おかしくなっていく。そんなに悲観的なキャラクターでもなかったのに、いつの間にかこんなふうになっていた。

黒髪をほめられただけで、ポカホンタスのコスプレで学校に行ってしまうような天真爛漫だった私はどこに行ってしまったのだろうか。自分の存在価値とは、見た目にしかないのだろうか。勉強をそれなりに頑張り、仕事も頑張っても、そこでの評価より、やはり外見がすべてなのだろうか。この頃、ダイエットをやめてリバウンドすることがとにかく一番の恐怖だった。

飲み会も多い会社だったが、食べすぎたと思った日には無理矢理吐いてしまうことが週に何度もあった。食べることが怖かった。運動しないことにとにかく罪悪感を感じた。そんな運動がもはや楽しいとも思えなくなっていた。タスクでしかなかった。自分は人と違う、運動しないと「デブスパッツ」になってしまうんだ、ここまできたら絶対にもう戻りたくない、そんな一心だった。

それなのに、普段あまりにも食事をとらないからだろうか、ときどき死ぬほどなにかを食べたくなり、頭がおかしくなりそうな瞬間があった。そんな時は、ポテトチップスを何袋も、無心に、一気に食べてしまう。当時、とても小さい冷蔵庫を使っていたので、家に食べ物のストックはそんなになかった。なのに衝動がおさえられないため、近くのコンビニに部屋着のまま向かう。「だめだ！」と思いながらも、レジで会計をしてしまう。きちんとした「ごはん」を買って食べればまだ良いのに、日々の反動なのか、決まってお菓子やジャンクフードにどうしても手がのびてしまう。1個食べるなら、もう何個食べても同じだ。ドーナツを3個、そして4個、玄関で泣きながら食べていた。衝動が爆発していて、味なんてもはやどうでもよかった。

あーーー!! マクドナルドでナゲットを無限に食べたい！ 自分をコントロールでき

ず、次は早歩きでマクドナルドに向かう。当時はウーバーイーツなんてなかったけれど、もしあったら、もっとやばかったのかもしれない。このモードが発動した時、本当に食べ出すと止まらなくなった。発狂しそうだった。誰かに身体を乗っ取られている気分だった。こんなの、私じゃない！　なぜかその衝動は大体、夜に発動することが多くて、夜中は悪夢にうなされる。そして、朝起きた時には罪悪感に押しつぶされる。せっかくここまで頑張ったのに、やっぱり私は頑張れない奴なのか……自己嫌悪に陥りながら仕事に向かう。

もう、どうしたらいいか分からなかった。本当に、本当に、疲れていた。もうやだ。

ただでさえ仕事で忙しい日々の中に、心が癒える時間など1秒もなかった。この時期は漫画やアニメを楽しむ心のゆとりすら失っていた。漫画読みたい。アニメ見たい。けど、もう何も楽しむ余裕がない。泣きたい。でも、泣くエネルギーなんてないよ。心が死んでる。ゲームオーバー寸前だ。でも、もっともっとキレイにならないと。

業務以外の時間は、いつの間にかすべて「ルッキズム」という戦場の中で生かされていた。そして、ゴールは見えなかった。

痩せなきゃ
がんばらないと
足りない
もっとキレイに
じしん
こころ
えがお

ルッキズム【lookism】（名詞）

外見至上主義。

主に人の外見を重視する価値観。人を外見で評価、判断をすること。「look（外見、容姿）」と「+ism（主義）」が組み合わさった造語。この言葉自体は1970年代に西洋諸国で生まれたものだが、日本で使われるようになったのはここ数年のこと。

そもそもルッキズムという単語を聞いたことのある人はどれくらいいるのだろうか。三省堂国語辞典に掲載されたのもつい最近のことだし、具体的な認知度に関するデータもなかなかない。この言葉や、「人を見た目で判断しちゃだめ」という概念自体は昔からあるものだが、ルッキズムという名称に気づいたのは私自身も何年か苦しんだ後だった。今の私の周りにはこの言葉を知っている人は多いけれど、まだまだ市民権を得ているとは言えないのかもしれない。今まさにルッキズムで悩んでいる人、なんとなくメディアで目にするようになって知った人、声高に叫ばれるようになってきたルッキズムの動きに疑問を持っている人、この本をきっかけに知ってくれた人。そして、まったく聞いたこともないし、興味もない人。まだまだ混在しているだろう。しかし、確実にここ数年でルッキズムに対する動きは「きてる」と感じている。

たとえば、韓国では『外見至上主義』という、まさにそのまんまの題名の漫画があり、アニメ化もされた。ファンタジーでありながらも、美醜に対する差別的な描き方はとてもリアルなものだった。同じく韓国には、ルッキズム被害者をサイコホラー的に描いたアニメ映画作品『整形水』もある。声優好きな私は、こういう時についつい吹き替えの声優に気を取られがちなのだが、そんなことすら完全に忘れてしまうくらい見入ってしまった。ネタバレはしたくないので内容には言及しないが、どちらも当然ながらコテコテのハッピーエンドにはなるわけがない。なぜなら、ルッキズムはこの世でまだ解決していないことなのだから。韓国と日本のアイドル像の違いを比較すれば一目瞭然だが、二国間のスタンダード・ビューティーの形は異なる。ただ、いずれにせよスタンダード・ビューティーの概念が存在し、そこに当てはまらないとダメ、と思い込まされる構図はまったく同じだ。

日本でも、『ブスなんて言わないで』というルッキズムをテーマにした漫画が書店に平積みにされていた。こちらの物語は、本書を書いている時点ではまだ完結していないが、いろいろな視点や過去を持つ者たちのルッキズムと逆ルッキズムを描いている。自身を「ブス」とカテゴライズしている主人公、いわゆる「美女」として扱われてきたことに苦しむキャラ、そして「イケメン」と扱われつつも身長がコンプレックスのキャラや「少し可愛いだけ」のキャラ。同じルッキズムに悩んでいても、その立ち位置が違い、完全に理解することはできなくても、「知る」ことで少しずつ歩み寄っている。

なんなら、ルッキズムというワードを頻繁に聞くようになる少し前に、すでに漫画の『ヘルタースケルター』があり、2012年には映画にもなっている。「完璧」を求めすぎて崩れていく主人公は、まさにルッキズムの戦場で踊らされていたといえる。

漫画やアニメばかりの生活の私も、湊かなえさんの小説が大好きだ。彼女の『カケラ』も容姿をめぐる問題に翻弄される人物が多数登場する。実際に彼女自身が投影されているとも聞く。

ルッキズムという言葉を前面に出さずとも、その概念はこうしてあらゆるコンテンツに出てくるようになった。

さらに昨今では、「ミスコン」を廃止する大学が増えてきた。これに関しては、まだまだ賛否両論があるのもわかる。容姿を磨くこと自体は、当然悪いことではない。特に「自分のため」なら。運動神経を磨くことを選んだ人は試合で戦い、学力を磨くことを選んだ人は試験で戦う。容姿を磨くことを選んだ人がミスコンで戦うのだ。それは一理あるのかもしれない。けれど、ミスコンを開催することにより、スタンダード・ビューティーがまたさらに固定化して、根づいて、結果的に磨くべき「美の方向性」が、画一的なものになっていくのではないだろうか。「美の方向性」は、運動神経や学力などのほかの分野に比べると、周りに与える影響や副作用が大きい。

エンタメやミスコンの動きだけではない。近頃は、企業広告でもルッキズムに相反する概念としてのセルフラブをテーマとしたメッセージが、以前に比べて発信されるようになってきた。

画一的な美を掲げていそうな業界として化粧品会社が挙げられるかもしれないが、資生堂は、2018年に「LOVE THE DIFFERENCES. 違いを愛そう。」と謳う広告を出した。「美しさを多様に進化させ、世界をよりよくしていきたい」という資生堂の企業メッセージを訴求したとのこと。THE BODY SHOPは、2021年に「ほどこう。自分をしばるものを。#YesToSelfLove」というメッセージを放った。それ以降も、セルフラブと向き合うためのコンテンツや商品展開を継続的に行っている。

そして、私が「デブスパッツ」時代にCM出演者のモノマネをしたことで「ダブナラ」のあだ名がつく由来となったＤｏｖｅ。「ダヴ セルフエスティーム（自己肯定感を高める）プロジェクト」というコンテンツで、世界中の人々が自己肯定感を高めることができるよう、各種発信に力を入れている。このプロジェクトはウェブサイトにも大々的に掲載されており、保護者や指導者向けの資料も作られている。「ダブナラ」のあだ名がついていた身としては、なんだかうれしい。

私がルッキズムに苦しめられるようになってから20年以上。エンタメや企業広告をはじめとして、社会の動きも徐々に変わりつつある。ルッキズムが問題提起され、人々がその存在に気づいて考えるようになってきていることが、一過性の「流行り」にならないことを願う。

第 2 章

本当にそれが「美しい」？

アメリカ〜インド＆スリランカ
［気づき編］

「君は細いが、セクシーじゃない」

自分の「生きづらさ」の正体が、ルッキズムという名の社会問題に紐づいていると認識しはじめたのが、拒食と過食をくり返していた、社会に出て間もない頃。謎の体調不良にようやく病名がついたような、治癒したわけではないけれど少しだけ解像度が上がった感じ。けれど、だからといって沼から這い上がれる気配はまったくなかった。そして、加速するダイエットと並行して、キャリアのほうでも悩んでいた。

学生の頃に少し話を戻すと、前述の通り父親が駐在していたインドネシアや、留学時のガーナでの経験を経て、私はやはり国際協力の現場に身を置くことに惹かれていた。ただ、現場を見たからこそ、その先に進むことを躊躇してしまった面もある。

いくらガーナで村の学校に浄水ストローや教材を配布し、その重要性を伝えたところで、私たちは期間限定の単発プロジェクト。自己満足的に実施したともとらえられかねない。実際には支援どころか、むしろ私たちが現場で多くのことを現地の先生や子どもたちから学ばせてもらった。その後、浄水ストローや教材が持続して効果的に使われ続けているのかもわからない。瞬間的に彼女たちの生活に介入して、その後退散して戻ってこないなんて、むしろ迷惑な話なのかもしれない。

私のような学生ができることには限界があり、本当の支援とはいえないのではないか、と未熟ながらも痛感していた。持続的なことを提供して、ようやく現地のニーズに応えられたり、変化を生み出したりすることができる。当時そう思った私は、国際協力を仕事にするならば、継続的なライフワークとして人生をフルコミットする覚悟を持たないといけない、と強く感じていた。

日本に帰国後、国際協力関係の就職も検討したものの、学生で二十歳そこらの自分にとって「仕事として、一生この分野に人生を賭けられるのか、それともただの興味程度なのか」という問いに、明確に自信をもって答えるには判断材料がまだまだ少な過ぎた。当時は周りで国際協力の道に進む人をあまり知らなかったし、そもそもどういったキャリアパスを踏めば良いのかの情報も足りなかった。

当時、少なくとも私のいた環境では、やはり民間企業に就職することや、公務員になることが当たり前とされていた。だから、私もそうすることが「一種の」正解だと思った。今思えば、日本社会の強い同調圧力の中で、「自分はこれがしたい」よりも周囲の環境に前ならえすることが良いのだと思っていたのかもしれない。

そうして就職した、日本の財閥系の古い歴史ある大手不動産。国際協力という自分に「トキメキ」をもたらしてくれる分野への気持ちに一度ふたをしたからこそ、「働く人と環境」で就職先を決めた。その選択は決して間違いではなく、悔いはない。尊敬できる同期、先輩、後輩に出会うことができ、社会人としての基盤をここで培うことができた。激務で理不尽なこともそれなりにあったが、待遇も良かったし、学べることも多かった。なにより不動産の仕事は想像以上に面白かったので、「つまらない」「逃げたい」と思うことは、実は少なかった。

海外育ちで、帰国子女の多い中学・高校に進み、部活動にも入ったことがなかった私にとって、コテコテの「日本の縦社会」ははじめての経験。たまに周りに冷や汗をかかせることがあったことは白状しておく。TPOというものも当時はよくわからなかったので、同期のみんなが黒いスーツで集まる中、一人カラースーツを着ていって目立ってしまったり。豹柄袖なしのミニ丈ワンピースで出社して、先輩に迷惑をかけてしまったこともある。

それでも、なんとか少しずつ学び、成長していった。

　仕事自体はダイナミックで面白かった。ただ、その中で私はずっと悶々とした気持ちを抱えていた。それは国際協力に対する未練だった。働いていた数年の間、「国際協力に携わりたい」という当初の夢を忘れる日は1日も、いや1秒もなかった。豊かな環境にいながらも、なんだかいつも心に穴があった。実は国際協力への気持ちに一度ふたをした時に、その決意が揺るがないように、当時読んでいたその分野の本や論文などを箱に詰めて、たんすの奥の方にしまった。まるで彼氏と別れた時に思い出のグッズを箱に詰めて封印するような感覚だ。

　ある日、その玉手箱を再び開封してみた。きっかけは勤めていた会社で定期的に行われる性格診断テスト。その結果で会社の業務への適正度的なものをはかるのだが、六角形のグラフで自分の長けている部分、足りない部分がわかるものだ。入社してすぐの頃、私の六角形はとてつもなくイビツな形をしていた。長所の部分は六角形の枠から極端にはみ出していて、それどころか測定不能なのか用紙の中にもおさまっていない。かたや足りない部分はほぼ0に近い。当時、私の上司は人事部にこの結果を見せられて「この子を育てるのはなかなかチャレンジングだと思う」と言われたそうだ。私は、「人と違う」この結果が、なんだか少しうれしかった、と同時に組織でやっていけるか不安も募った。そのため、会社になじむためにも、「人と同じ」になろうと、できるだけ周囲に言動を合わせるように試みた。

その結果か、3年目の性格診断テストはだいぶマイルドな六角形に。会社に在籍して仕事を続けるならば、これは自分自身や周囲の生きやすさにつながるのかもしれない。ただ、私はあまりにも短い年数でこんなにも自分の「尖っていた部分」がなくなっていくことに寂しさも感じた。身体に不調が出ようが強行突破で深夜残業をし、慣れない縦社会にもまれながら、目先の業務に囚われることで「忘れてしまっていること」はないのだろうか——。そんなことから、例の玉手箱を開けて、昔の自分と少し再会してみようと思ったのだ。

箱を開け、ガーナやインドネシアで感じたことを綴った日記を読み返したり、アメリカで課題をこなすために読んだ大量の論文や本を開いたり。その箱のふたを開けた瞬間、3年間見ないようにしていた「トキメキ」が一気にあふれ出てきた。本当に片思いをしている気分だった。3年間もひたすら一方的に思い続けるなんて、恋愛でもなかなかレアだろう。でも、だからこそ「3年も思い続けてしまう、この気持ちはきっと本物だ！」と確信できた。自分への自信と「人生を賭けられる覚悟」が私にはあったことを自覚できた。

アメリカ留学を終えた時は、その覚悟なしに国際協力の分野に足を踏み入れてはいけないと自分でブレーキをかけたものの、私にその覚悟はあったのだ。そして、「このときめく片思いは、自分の努力次第で両思いにできるのでは？」そう気づき、転職を決意した。

さて、告白タイムだ。国際協力の場は、「即戦力」が好まれる傾向がある。私は大学では法学部だったので、いくら一年間留学したとはいえ、専門的な知見がまだまだ足りなかった。不動産会社での実務経験もあまりプラスには働かない。この分野で国内外40以上の企業や団体に応募したものの、転職活動はフルボッコ状態。ならば、大学院に行って、さらに専門性を高めようと思った。幸い、激務ゆえに貯金はそれなりにあった。一生懸命働いていたので、お金を使う時間もなければ、悲しいことにダイエット沼にいたからこそ食費にもあまりお金を使わなかった。この貯金で行ける範囲内の大学院を受験しようと探してみると、想像以上に選択肢は多かった。ありがとう、当時の私。

国際協力の中でも、私は教育を切り口とした開発学に興味があった。そして、「国際教育開発論」の日本での先駆者といえる教授が広島の大学にいることも過去に読んだ論文から知っていた。大学生の頃からその教授の論文は何本も読んできていた。せっかくならその教授のもとで新しい扉を開いていきたい、そう強く思ってメールを送ってみた。まだ合格も、なんなら受験すらしていないので、「入学して、先生に会えるようにこれから頑張ります」という、ただのあいさつ状だ。特に送る必要もないものであり、むしろ受け手も反応に困るようなメールだが、私は「ついに新しいステージに向かって進み出すのだ」という興奮状態でアドレナリンが出ていたのかもしれない。そして、返事もいただいた。なんと、翌年から広島の大学から早稲田の大学院に移るとのこと。よし、東京から引っ越さずに済むぞ。

働きながら再び受験勉強をし、早稲田大学院の希望の学科、そして念願の教授の研究科に合格。不動産は4年目になる前の春に退職をした。大学院では「国際協力に関して、できる限りの知見を身につけて、現場に出る」という、私にとって大事な「頑張る理由」とともに、「首席になる」という目標をもった。首席になりたかった理由は、なんかカッコいいから(笑)。周りの友人たちの多くはすでに社会人数年目だったので、それなりにお金も貯まっていた。しかし、私は学生に戻ってしまったので、多少貯金があったとはいえ、日常生活にお金の余裕はなし。以前の高級住宅街から家賃の安いエリアに引っ越し、極貧生活を送っていた。勉強のためにここまでしているのだから、バイトするくらいならその分首席になるために死ぬ気で勉強したい、と思っていたところもあった。(結果、首席にはなれなかったが、その代で2位だったので「ほぼ」首席ということで(笑))

憧れだった教授は、「大手の民間企業をやめてまで入学されたこと、私も重く受け止め、力になりたいと思います」と常に気に留めてくれ、有益なアドバイスをしてくれた。その教授が、さらに専門的なことを最前線で学ぶためにも、アメリカのジョージワシントン大学院への留学と、併せて同エリアにある世界銀行でのインターシップ活動を薦めてくれた。ワシントンDCは偶然にも大学生の時に留学した地。私は留学を決めた。

ここまで、容姿についての話からは少しそれていたが、会社を辞めて大学院生になってからも、ルッキズムとの闘いから降りることはまったくできていなかった。以前のように飴玉3粒生活とまではいかずとも、常に体型を気にして食事内容を決めていたし、「痩せていたい」という気持ちはずっと消えることはなかった。そして、私はこのアメリカ留学で、とうとうルッキズム氏とタイマンを張ることとなる。

こうして27歳目前の冬、再び私は渡米した。現地では、世界中の人が集まった大きなシェアハウスを生活の拠点とした。現地のNPO団体が運営している寮のようなもので、入居者は全部で80人くらい。社会人も学生もいて、年齢、性別、国籍、職種、すべてが多種多様だった。家の中には、住人が共有で使用できるダイニング、図書室、自習室、トレーニングルーム、卓球ルームなどもあった。留学中は、なるべく多くの人と交流したかったので、外食や部屋での食事は最低限にして、住人同士の交流スペースであるダイニングエリアを積極的に使うようにした。とはいえ、この頃もまだ不健康なダイエット沼の住人でもあった私は、食べるものは自分で買ってきた「草みたいなもの」ばかりだった。

生活リズムが似ている者同士は食事をする時間も自然と合いやすいので、なんとなくいつもダイニングエリアにいるのは同じ顔ぶれだった。「アメリカに来たからといって、日本のスタンダード・ビューティーからは離脱してはならない、痩せ続けねば」という意識でいた私は、朝食の前に部屋で筋トレをしたり、外を走ったりしてからごはんを食べにダイニングに行くことが多かった。トレーニングウェアのまま行くこともときどきあったことから、ダイニングエリアにいるいつものメンバー数人に「運動好きなの?」と話しかけられた。

「僕らも、朝5時からみんなで運動してるんだ。地下の卓球ルームを使ってて、誰も使わないだろう早朝にそこに集合してるんだ」

決して朝が得意ではない私にとって、「朝の5時」はもはや「夜中」の認識。それゆえに自主的な運動もときどきサボってしまうこともあったので、人と一緒に運動することでサボり癖を回避できそう! そのメンバーとはとても気が合ったし、単純に楽しそうだと思った。私にとって、単なる痩せるための手段と化していた運動に楽しさはなくなっていたので、こうして楽しい人たちとやることはプラスなんじゃないかな、とも。メンバーはアメリカ、ドイツ、フランス、ルクセンブルク、ハンガリー出身のとてもやさしく面白い人たち。今でも彼らとは、世界のどこかで集合することがある。

朝5時、眠すぎる目をこすりながら、地下室で行われるフィットネス会に向かった。ギリギリまで寝ていられるように、実は前日の夜はパジャマのかわりにウェアを着たまま寝たので、身体は休まっていなかった。道具を使って筋トレをするというよりは、スクリーンに流れる動画を見ながら、みんなで身体を30分間動かす。有酸素運動と無酸素運動が混在していて、簡単なものではなかった。

でも、みんなで汗をかきながら「あー、むずい！」「しんど〜い」「そんなものなのか?! もっといける！」と必死になる時間は、なかなか楽しい。動画の中のトレーナーが強烈にあおってくるたびに、みんなでスクリーンに向かってののしる。それをまるで見ているかのようにトレーナーは「今、俺のこと殴りたいだろう？ その気持ちを運動にぶつけろ！」とあおり返す。楽しい地獄の30分間が終わると、私たちは「よし、目が覚めた！」とハイタッチ。そして、それぞれ着替えて朝ご飯を食べ、仕事や学校に向かう。

はじめの頃は、起きることすら一苦労。今まで自分になじみがあった運動と少し違うので、それについていくのも簡単ではなかったが、すぐに朝の時間がとても楽しみなものになった。学校や仕事場とは別のコミュニティでの仲間との時間は貴重だった。

大人数のシェアハウスの中で、私たちが朝方あまりにも汗だくになりながら部屋に戻っていくので、それを見ていたほかの住人たちも興味をもつようになり、ときどきいつもはいないメンバーも参加するようになった。夕方、自習室で課題をこなしていると、「朝いつも地下室で運動しているの？ 私も参加してみたいの」と、勝手に憧れて推していたマリリン・モンローみたいなアメリカ人女性に話しかけられた。その時は、ドキドキしながらもうれしかった！　フィットネスをきっかけに広がる輪って、なんってヘルシーなんだろう！

次第に私たちには、シェアハウスの中で「チーム・インサニティ（狂気）」というグループ名がついていた。その運動の動画プログラムの題名に「インサニティ」という単語が入っていたことと、毎朝早朝にハードな運動をこなす集団に対するジョークとしての「狂気」だった。チーム・インサニティとの時間は、私に運動の楽しさを思い出させてくれた。

ある晩、ダイニングエリアで何人かの住人たちと雑談をしている時、男性陣の間で「このシェアハウスで一番セクシーなのは誰だと思う？」という、なんともダイレクトな話題になった。校内でミスコンとかミスターを決める制度は日本特有のものなのかなと思っていたけれ

チーム・インサニティの主要メンバー。運動中は必死だったので写真は撮っておらず、日常ver.。

ど、こんな話をする時点でルッキズムはどの国でも多かれ少なかれあるんだな。当時、日本で常に細さをほめられてきた私はこの時、自分の名前が挙がる自信が少しだけあったのかもしれない。なんなら目の前にいるしね。

しかし、それぞれの回答は違った。複数人いたので挙がった名前はいい感じに分散されていたものの、最後にそこにいた全員の意見が合致。

「いやー、ゆうなは、セクシーって感じじゃないな」

東アジア人が幼く見られるがゆえの「あるある」なのかもしれないし、私はわりとみんなに子ども扱いされるキャラクターでもあったので、つい「それは幼いってこと？」と聞き返してしまった。

「そうじゃなくて、セクシーかどうかって内なる自信からくるもの。ゆうなは、常に自分のコンプレックスを感じている雰囲気があって。充分キレイなのに常に食事することも恐れてて、なんだか生きづらそうだから、セクシーじゃない」

以前、日本の友人に「昔の方が楽しかった」と指摘された時と同じような感情に襲われた。きっと頭のどこかで、私はこの事実をわかっていたような気がする。ルッキズムという戦場から抜け出せずにいた私は、「痩せることが正解」「痩せた達成感」「元に戻る恐怖」

みたいな固定観念から「内なる自信」「内なる美しさ」を失い、常にグレー色のオーラを身にまとっていたのだろう。義務と化していた運動が、チーム・インサニティのおかげで再び「楽しいもの」に戻ったとはいえ、自分自身を受け入れて前に進むレベルにはまだ達していなかった。

私はふと思い出した。チーム・インサニティにいる仲の良いハンガリー出身の女の子が、いつもスポーツブラとお尻の形がよくわかる短いショートパンツだけで、お腹も脚も堂々と出しながら歩き回っていた姿を。細いわけでもない、腹筋がキレキレなわけでもない。でも彼女はただただ自信にあふれていて（少なくとも私にはそう見えて）、とてもかっこよかった。そんな彼女が私はすごく好きだった。性格が合うのはもちろんあったが、その内なる自信に憧れていたのだろう。以前、自習室で話しかけてくれた推しの女性も、「私は最高よ」といったキラキラとした自信が、良い意味で爆発していた。彼女に憧れていたのも、そのオーラが自分にないものだったからかもしれない。「一番セクシーな子は誰?」という、稚拙というか下世話なランキング行為ではあったものの、私はようやく、本当にようやく、自分をきちんと客観視することができた。

ルッキズム問題は、大なり小なり世界中のどこにでもあるのかもしれないが、少なくとも私は日本のノイズからも離れたことで、ようやく俯瞰することができた。いかに自分が「自分のため」に生きることを忘れてしまっていたかを。自己肯定感、自信、内なる美しさなどからはとても遠いところにいた。確かに、あの時の私は細かったけど、セクシーではない。

いろいろなスタンダード・ビューティー

「セクシーじゃない」という指摘を前向きに受け止めてからは、運動を「痩せるため」ではなく、「自分の笑顔のため」ととらえるようになった。せっかくアメリカにいるのに、「草」ばかり食べて不健康な生活を送っていた自分を見直し、きちんと食事をとることも心がけるようになった。とはいえ、長年の闘いからマインド的にも身体的にも降りるのは一朝一夕にできることではなかった。マインドとは良くも悪くも、さまざまな経験や言葉の反復作業によって形成されていくものなので、いくら頭でわかっていても思考の「癖」を抜本的に変えるのは大変な作業である。

一人で簡単にできないならば、周りを巻き込んでいこうと思った。シェアハウスの住人は多国籍だったことから、「それぞれが母国の料理をふるまう会」や「近くにある母国料理屋さんに招待する会」といったイベント（しかも食事の！）を提案した。「草」だけ食べていた私だったのに。これらのイベントを通して、アメリカにいながら食事で世界中を旅した気分だったし、ひとりで行くよりも、母国料理の説明ができる友人と行くことで、料理そのものも一層楽しむことができた。

留学という限られた時間の中で、次にいつ会えるかわからない友人たちと楽しさを共有することは、かけがえのない思い出にもなった。もちろん体重は増えた。けど、それは早朝5時のチーム・インサニティとの運動をこなすには必要なエネルギー。体重が増えると同時に、体力もついた。今までは途中で息切れしながら「ちょっと休憩したい……かも……」と弱音を吐きそうになることもあったのに、いつの間にかサラッとこなしている自分がいる。それはなんだか誇らしかった。

きちんとした食事を笑顔で楽しみながら味わうこと。自分が前向きになるために運動することと。たとえ運動の最中は大変でも、それが「自分のため」のライフスタイルから行っていて、心と身体がよろこんでいるなら、一番ヘルシーな状態である。大人になった今、さらにつけ足すなら、この状態で趣味や仕事を楽しみながら自分を愛し、自分が大切にしたい人たちに囲まれていたら、この上なく幸せで心身ともに平和。

もともと私は食べることが好きだった。もちろん、普通に健康的なものだって食べるけれど、子ども時代は例のカラフルな巨大パンケーキやチョコエッグが好物。受験時代は、魔のフラペチーノ祭、大学では家系ラーメンの長、という過去の持ち主。そんな私が長い間、ルッキズムの呪いにしばりつけられた結果、食事を楽しむ感覚をいつの間にか忘れてしまっていた。大学院で学ぶために来たアメリカで「その生き方はセクシーじゃない」と言われたことで、ようやく食事の楽しさを再び感じることができたのだ。それは、なんだか心がホっとして、久しぶりに解放された気分だった。何から解放されたのか当時はよくわからなかったけれど、後から振り返ると、やはりルッキズムという名の呪縛からだったのだろう。

食べることの楽しさだけではなく、「自分として生きる」という感覚にもすごく安堵した。いざ体重が増えたところで、もちろん友だちや自分を愛してくれる人は減らなかった。批判されることも、残酷な呼び名が再び向けられることもなかった。ようやく健康的に食事と運動をするようになった私は、ずっとスイッチがオフ状態だった内なる自信のようなものが少しずつオンになっていった。それは表情にも出るようになっていたらしい。レギンス一枚穿きで地下室に向かう時に「超セクシー！　いい感じ！」と、すれ違うほかの住人にサラッとほめてもらえることもあった。

　無理のない健康的な生活をして、健康的なメンタルを保つことは「言うは易く、行なうは難し」。それは、本当に、本当に、気づくまでも、できるようになるまでも長い時間がかかる。なんなら今でもたまに迷子になる私がよ〜く知っている。痩せている、太っているなどの形容詞にとらわれず、「心身ともに健康な状態でいる」時の容姿が、もっとも美しい。私に限らず。その状態は人によって差はあるが、美しさとは、セクシーさとは、「内なるもの」なのだ。小学校の時に呪縛がはじまり、こう感じられるようになるまで、なんって長い旅路だったんだろう。自分の中に居座るルッキズムというヴィラン[注5]を完全に倒したわけではないが、その兆しが見えてきたのがこの二度目のアメリカ留学だった。

大学院時代、私をルッキズムから解放してくれたできごとがもうひとつある。

アメリカに留学している間、世界銀行という国際開発金融機関でインターンシップもしていた。ただでさえアメリカの大学院で授業についていくだけで必死だったけれど、実践者としての経験も積まないと、と思っていたことから世界銀行での業務もないがしろにはできない。もはやオーバーワーク状態になっていた。もちろんチーム・インサニティでの運動も続けていた。現地の友だちとも遊びたかったし、アメリカ滞在中に国内旅行にも行きたかったので、週末はなるべく予定をいれていた——思い返しても頭から湯気が出そうなくらい、この時はパンパンな生活をしていた。ただ、何をしていても楽しくて、大変ながらも充実感はあった。

世界銀行のインターンシップでは、主に北インドの職業訓練学校に関するプロジェクトを担当していた。ただ、実際にインドに行ったことのない私は、プロジェクトに取り組みながらも限界を感じていた。それを上司に相談したところ、北インドで実際に現地調査をする機会をもらえた。

勉強、仕事、運動、遊びとてんこ盛りな生活に、少し長めのインド出張も加わった。正直どうやって生活していたのか、忙しすぎて記憶がない。この頃はひたすらブルドーザーのようにパワフルに生活していた。

そして、いざインドの北部にあるウッタラカンド州へ。ここでは、現地のITI[注6]という一種の職業訓練学校に通う女子学生たちに対して、本当に将来やりたいことと履修している科目が一致しているか、についてヒアリング調査をした。たとえば、「医者になりたい」という思いのある子が「ホスピタル・ハウスキーピング(病院でベッドメイキングなどをする職)」の科目をとっていたりする。インタビューしてみると、「病院でベッドメイキングをすることで、医者への道を院内で築き上げることができる」という認識だった。もちろん、医者になるためには医学部を経て、適切な知識と経験、資格などが必要だ。しかし、情報格差により適切な情報が足りず、本来の目標に必要となる科目以外を履修してしまう子が少なからずいるのだ。生徒の希望、現実との乖離、実際の労働市場でのニーズなどを、複数校回ってリサーチをした。

はじめてのインド滞在は、刺激的だった。現地で腹が立つこともあれば、我ながら目がキラキラしていたのではないかと思うほど、魅せられる部分もたくさんあった。インドは、好き嫌いが二極化すると良くいわれるが、その考え方でいけば、私は間違いなく好きだった。そういえば、ガーナにいった時も「ここで国際協力の現場の好き嫌いがわかれる」と指導員にいわれたが、私は間違いなく現場に恋するタイプだった。

インドでは、リサーチを通して、女学生だけではなく、保護者や教師たちとも雑談などたくさん交流の場があった。その中で、

「あなたは肌の色がとってもキレイね！」

「その肌の色がうらやましい」

生まれてはじめて肌をほめられた。びっくりした。ウッタラカンド州は決してにぎやかなエリアでもなく、さらにその中でも田舎に滞在していた。日本人（というか東アジア人）に会ったことがない、という人もたくさんいたので、私の見た目は新鮮だったのかもしれない。

私は色黒なほうで日焼けもしやすい。「デブスパッツ」や「ダブナラ」の時代は体型をいじられることのほうが多かったが、実は小さいころから、「焼けてるね〜」「黒いね」と肌の色を指摘されることもよくあった。漫画のヒロインに必須な3拍子「細い」「直毛」「色白」に振り回されていた中高生の時は、肌の色が暗めなことは決して好きなポイントでは

なかった。悪気なく「色、結構黒いね」と言われることも心地良くはなかったし、もちろん誰かにほめられることもなかった。さらに、食生活も心身のストレスも極端だったことから常に肌荒れもしていたので、「肌」はなんとなく自分の誇れるパーツではなかった。

そんな肌をわざわざ取り上げられ、うらやましがられたことが目からウロコだった。ルッキズムはどの国にも多少根づいている。ただその「スタンダード・ビューティー」とされるものは、文化や環境によって変わってくる、とこの時強く感じた。

ウッタラカンド州でインタビューをした初期の頃に比べて、インド滞在後半はだいぶ日焼けをした。それを見た生徒たちは、自分たちが日焼けをするときよりも、わたしの肌色の変化があまりにも顕著だったので、「肌の色が先週からめっちゃチェンジしてる!」「グラデーションになってる!」「肩と腕で2色!」と楽しそうにしていた。それが微笑ましく、なんだかうれしい気持ちになれた。

もちろんほめられたり、楽しそうにしている姿に対するうれしさもある。けれど、それ以上に「スタンダード・ビューティーとはひとつではない、そしていかにちっぽけなものであるか」に気づき、解放的な気持ちになれたからなのかもしれない。

注5　Villain。英語で「悪役、悪人、敵、敵役」などの意。映画やアメコミ、テーマパークなどで使われはじめ一般化した言葉。
注6　Industrial Training Institute。さまざまな職業訓練を行うインドの中等教育後期学校。

振り返って気づいた日本の窮屈さ

「デブスパッツ」からはじまり、「漫画のヒロイン」にはなれないとあきらめた中高時代、一日飴玉3粒で過ごした社畜生活。アメリカでようやくルッキズムの呪いに気づきはじめてからのインドでの経験。西暦だとだいたい2000年から2016年まで。生まれたての赤ん坊が高校生になるほどの長い間、常に正体不明な黒い物体が肩の上に乗っかっている感じだった。とはいえ、この黒い物体、のちに「ルッキズム」という名前だと判明したヴィランを、完全に倒せたわけではなかった。だからこそ、少しずつ光が見えてきたこの状態を絶対に日本に帰国してからも忘れたくない。「自分は自分らしく生きる」を意識的に肝に銘じておきたい、と思った。

当時、私はよく手書きで日記を書いていた。というか、こんなにもデジタルが進んでいる今でも、スケジュール帳や日記はアナログで手書き派。いまだに手書きの日記をときどきつけている。せわしない日々の中で、日記を書くことが自分とゆっくり対話する時間になり、それがたとえ一瞬だとしても「ちりつも」で自己肯定感や自己発見につながっている気がする。

本書を執筆するにあたり、昔の日記をおそるおそる開いた。ときどき社会問題に対するすごく真面目なことを書いていて、我ながら「えっ！頭良さそう。これ書いたの誰？（笑）」なんて思うこともあれば、かわいらしい恋愛の悩みやノロケを書いてる日もあって笑える。そんな日記に「今、空港。これから日本に帰るけど、『自分は自分で良い』って忘れないようにしなくっちゃ！　あ、そろそろ搭乗時間だ〜！」なんて文が。

この頃、まさかルッキズムの厄介さを人に伝える側になるとは思っていなかったし、ルッキズムをからめて起業するともまったく思っていなかった。国際協力の分野の実践者としてキャリアを積むにあたって、「起業」ということ自体、まったく選択肢になかった。なので、この頃はただ、日記にもある通り、「自分自身が忘れないように、少し見えてきた解放感を意識的に大事にする」ことだけを考えていた。

インドでの現地調査、そしてアメリカ留学そのものも終了して、いざ日本に帰国。なんとなく明るく前向きになった私を肯定してくれる友人たち、安堵する家族。とはいえ、

「ゆうなさんって昔めっちゃ痩せたじゃないですか？　あれってどうやりました？　私も彼氏が細い子が好きって言ってて……」

「すごい細かったのに、最近は筋トレに励んでたくましくなってるけど、一体何を目指してるの？」

「華奢だった頃のほうがモテたっしょ(笑)」

などの声を耳にすることも絶えなかった。

ああそうか、いくら私がルッキズムの出口をチラ見できたとしても、日本の社会自体はさほど変わっていないんだ。それは、特定の年代、性別、人物やメディアが作り上げているというより、犯人探しなんて到底できないくらいに入り混じった複雑なレイヤーからできあがっている。自分自身がしっかりと意識しないと、またすぐに渦に飲み込まれそうな閉塞感と緊張感を時おり感じた。

ぽっちゃりしていれば「デブスパッツ」、過度に痩せれば「心を失いセクシーではない」、笑顔と筋肉を取り戻せば「何を目指してるの」と問われ。私たちは、常にいろいろな言葉で傷つけられ、でも同じくらい無意識に誰かを傷つけているかもしれない。

なんかもう、なんなんだろう。

日本に帰国後、大学院修了に向けて修士論文を提出。世界銀行やインドでの経験に基づいた、南アジアの職業訓練学校におけるスキル教育と女性労働参加率の実態に関する論文だ。今読むと、なんか難しくてもうなに書いてるのかよくわからない感じだけども（笑）。この頃から、南アジア（当時は主にインド）に惹かれ、いくつもある開発学の分野の中で、スキル教育やジェンダー問題の切り口に特に興味を持つようになっていた。

大学院修了と同時に独立行政法人国際協力機構（通称ＪＩＣＡ（ジャイカ））に就職した。ここなら自分がそれまで研究してきた内容で、興味を持ったことに取り組めそうだった。就職活動では部署を指定することができたので、「南アジア部」の面接を受けた。インドの研究をして現地調査も行ったことから、なんとなく志望したとおりにインドチームに配属されると思いこんでいたが、いざ初日、言い渡された配属は、スリランカチームだった。

スリランカには、人生で一度も行ったことがなかった。しかし、首都が「スリジャヤワルダナプラコッテ」[注7]であることだけは知っていた。なぜなら、高校生の頃に予備校の世界史の授業で「各国の首都を暗記する」という宿題があり、授業中に先生に当てられるかもしれないと思った私は、「スリジャヤワルダナプラコッテ」だけをがむしゃらに覚えたのだ。記憶力があまり良くなかったので、世界中の首都を覚えるには時間が足りない。でもメジャーな首都はほかの生徒に先に言われてしまうかもしれない。「もっとも小難しくて覚えづらそうな首都」だけをピンポイントで覚えて発表すれば、あたかも全部完璧に覚えてきたかのように先生を騙せると思ったのだ。その週は毎日しつこいくらいに「すりじゃやわるだなぷらこって」と呪文のように唱えて、「なんだこのギャグみたいな首都名〜(笑)」とネタにしながら、それだけ

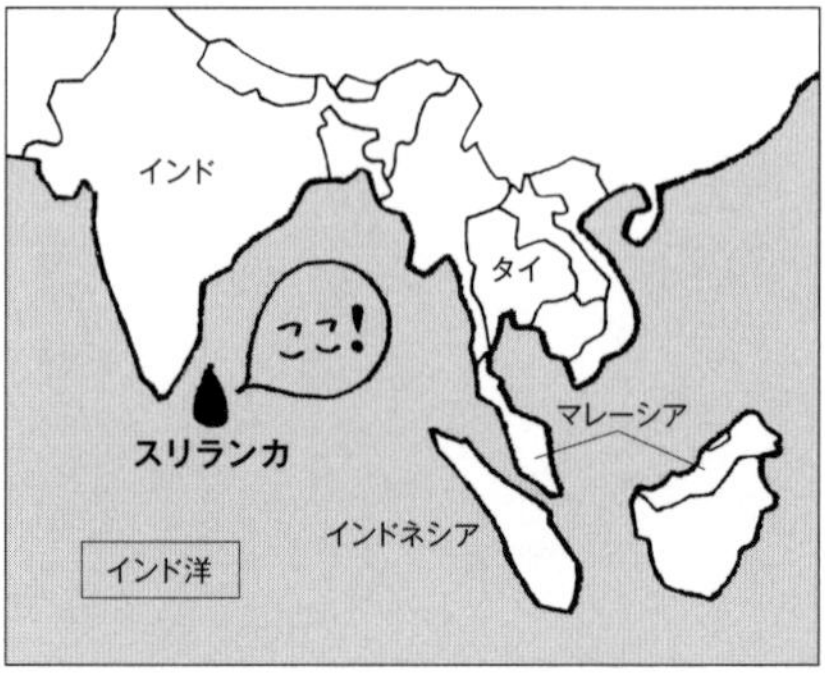

を確実に覚えた。

まさか数年後、そのスリジャヤワルダナプラコッテの国で仕事をし、自分のアナザースカイ[注8]になるなんて、微塵も思っていなかった。人生とは本当に不思議なものだ。

スリランカとは、そんな偶然の出会いだった。ちなみに、英語に「セレンディピティ(serendipity)」という言葉がある。「ふとした偶然で出会う素敵な幸福」といった意味をもつが、実はスリランカ(旧セイロン)の別称でもある。由来は「セレンディップの三人の王子たち」という童話(気になる人は調べて読んでみてね)。私にとって、スリランカとの出会いは、まさに「セレンディピティ」そのものなのだ。だからこそ、今でもこれが一番好きな言葉。スリランカを愛してる人たちとは、得てして「セレンディピティ」的に出会っていることが多い気もする。

ただ配属当初は、スリランカがここまで私にとっての「セレンディピティ」になるとは思っていなかった。勤務地は東京本部で、ときどきスリランカに出張があると言われたくらいだったので。南アジアの研究をしていたとはいえ、現地調査をしていたインドとスリランカはまったく別の国。言語、文化、環境、宗教、食べ物、すべてが異なる。いまだにスリランカで起業したというと、「インドとの違いは？」なんて悪気なく聞かれるが、私たち日本人だって、海外に行った時に「日本と中国の違いは？」と東アジアでひとくくりにされたら違和感を覚えるだろう。それと同じ。

ジャイカでは、スリランカの環境問題の案件を主に担当していた。水問題や焼却施設不備による廃棄物問題などの解決策を、日本国として提案、施工していた。勤務地は東京でありながらも、スリランカに出張する機会に恵まれ、隔月ペースで出向いていた。ようやく、本当にようやく、国際協力分野で働けることがうれしくて仕方がなかった。

そして、私はスリランカへの渡航1回目から、恋に落ちた。人ではなく、国に。言葉にするのが難しいのだが、キラキラとした宝石がつまった宝箱の中に入った気分だった。こんなにもポテンシャルと魅力がある国なのに、まだそれを外に知られていない、そんな印象を受けた。もちろん、仕事をする上で大変なことや絶句しそうになることも多々ある。お互いの常識が異なりすぎて、時に血管が切れそうになることだってある。それでも、スリランカの空の下で感じる空気はなんともあたたかく、生きている心地がした。出張から帰ってくるたびに、なんだか寂しい気持ちになった。「まだまだ一緒にいたかった」「早くまた会いたい」と、大好きすぎる恋人に抱くような感情を覚えた。

さらに、ようやく国際協力という興味のある分野で実践者として働けるよろこびはあったのだが、常に物足りない気持ちもあった。駐在中の父親に会いに訪問したインドネシア、留学中に出向いたガーナ、現地調査をするために滞在したインド、そしてスリランカ。私は「現場」にいて心が躍るタイプなのだろう。でも、スリランカでプロジェクトを遂行するにあたって、いくら出張で数週間ほど滞在するとはいえ、もっと現地にある程度腰を落ち着けて、実際に生活をしない限りは、本当に彼らのニーズ、価値観、文化、生活に寄り添うことはできず、プロジェクトも生半可なものになってしまうように思った。ここまで遠回りして、ようやく立てたフィールドだからこそ、中途半端なことはしたくない。ガーナから帰国した時に感じた「現地で生活に寄り添って、フルコミットで向き合いたい!」という気持ちがずっと心の中にあった。私は、頑固なのだ。

ジャイカでの業務は勉強にもなり、何よりスリランカと出会うきっかけをもらうことができて、感謝しかない。でも、短期出張ではなく長期にわたって現地で実際に生活をすることで、もっと根本的にスリランカを知りたい、という思いが出張のたびに大きくふくらんでいった。

この気持ちを止めることができなかった。ジャイカで働きはじめてしばらく経った頃、私は外務省の試験を受けて、在スリランカ日本大使館で働く道を選んだ。

親の転勤でも留学でもなく、自身の仕事で駐在する。大好きなスリランカという国で。この選択で、私の人生は大きく変わった——。

注7　Sri Jayawardanapura Kotte／スリ・ジャヤワルダナプラ・コッテ。スリランカの首都。第2代ジャヤワルダナ大統領の名前に由来。
注8　自分にとって、とても重要な場所。第二の故郷。テレビ番組のタイトルから生まれた言葉。

スリランカ女性の自撮り姿に感動

２０１７年12月、クリスマスや年末のイベントを堪能する暇もなくスリランカへの引っ越しの準備に追われながら、念願の海外駐在を好きな仕事で実現できることに胸が高鳴っていた。どきどき、わくわく。そして、新年を迎えてすぐに、私は生活の舞台をスリランカに移した。

スリランカは、１９８３年から２００９年、26年もの長きにわたって内戦があった国だ。終戦はしたものの、家族を失った人もたくさんいる。正確には、死体などの発見がないことから、「死亡」ではなく「行方不明／失踪」とされている。彼らの家族（主に女性たち）のことを「失踪者家族」と現地政府は呼んでおり、彼女たちは紛争終結後もまだまだ苦しみや理不尽の渦中にいた。いなくなってしまった家族をいまだに探し求めていたり、経済的にも精神的にも生きづらいと嘆いていたりする人たちもいた。スリランカの政治はなかなかドロドロしている部分がある。詳細をここで書きはじめると一冊の暴露本になりかねないので、一旦この辺で。

在スリランカ日本大使館の専門調査員としての私の仕事は、主にこの失踪者家族に対して日本政府としてできることの提案などだった。現地の有識者に話を聞くことや、実際に紛争被害の多かった地域に出向き、そこで生活する女性たちのリアルな話を聞く。これにはときどき涙することもあった。さらに、現地の弁護士と定期的に会いながら、スリランカの法制度をどう整えたら彼女たちにとって良いものになるのかを検討していった。なにかとスリランカの憲法に関わることも多かったため、なんと憲法の一部を丸暗記した。大学の法学部に通っていた頃は、憲法の授業は単位を落として再履修だったのに。人ってモチベーション次第では変わるものだ。

これだけ聞くと、スリランカについて知らない人は、この国についてどのようなイメージを持つだろう? 紛争があったヤバい国、家族を失った可哀想な女性たちがいる、笑顔がなさそう、といったところだろうか。しかし、そんなことはない。だって、私はジャイカ時代に出張でこの国に惚れ込んで、退職して、外務省の試験を受けて、駐在するまでになったのだ。20代後半という時期にプライベートと仕事を天秤にかけ、私は迷うことなくスリランカ駐在をとった。それほどまでにこの国に惹かれた理由のひとつは、まぎれもなくスリランカ人の「笑顔」である。

スリランカの民族衣装はサリー。細長く色鮮やかな布を身体に巻きつけて包み込むように着る。さまざまなスタイルがあるものの、腹部や腕の一部があらわになるような巻き方が多い。今は洋服を着る人も多いので、普段からみんなが必ず着ているわけでもないが、まだまだ年齢を問わず街で素敵なサリーに身を包んだ女性とすれ違う機会も多い。特別な日には、いつも以上にキラキラとした布の素敵なサリーを身にまとう文化がある。私も数着持っていた。

ある日、現地の女性たちがサリーを着て集まるフォーマルな場があり、私も自分のサリーをその日は着ようと思った。日本の着物同様初心者の私がひとりで着つけるのはなかなか難しく、会場についてから、スリランカ人女性に手伝ってもらった。

お腹がかなり見える定番の巻き方をしてもらったのだけれど、私は少しモジモジ……。

「もう少し隠せたりする？」

「えー?! なんで? あなた、とってもシャイなの? 絶対これのほうがいい。大丈夫!」
彼女は目をまん丸にしながら、ためらっている私を不思議そうに見た。

確かに、アメリカから帰国する際に、ルッキズムにとらわれる生き方はやめると心に誓った。だからこそ、健康的に食事をするようにもなり、体型も良い意味で変わりはじめていた。とはいえ、ルッキズム氏を自分の中で完全に倒せているわけでもなかったので、なんとなく一枚の布だけに覆われてお腹を出す姿にまだ躊躇している自分がいたのも事実。決して腹筋が割れているわけでもない今のこの身体を晒すことに迷いがなかったといったら嘘になってしまう。もしかしたら、ダイエット沼の渦中にいた私なら、ハロウィンでサラシだけ巻いたコスプレをしてた時のように、この日のために精一杯の食事制限をして自信満々風に着ていたかもしれない。

ただ、この頃は、たくさんの経験と気づきを通して、過度な過食も拒食も卒業し、自分自身のために「楽しむため」の運動をしていた。それゆえ、以前の自分に比べたら、心身ともにとてもヘルシーな状態ではあった。なんてったって、スリランカのスパイスカレーはおいしいし、栄養バランスもとても良い。[注9] 当時住んでいたアパートにはジムがついていたので、「行くまでが一番大変」なジムにだって、エレベーターひとつで行ける。朝が苦手な私も通勤する前にジムに行く生活を難なく送れていて、自分的にうれしい筋肉のつき方もしていた。この頃から、フィットネスを楽しむ仲間がもっと欲しいという思いと自分にとっての備忘録として、フィットネスに特化したインスタグラムのアカウントも細々とはじめていた。

自分に自信をもつ旅路の真っ只中にいた私は、サリーを着ることに少し照れながらも、着つけてくれたスリランカ人女性に背中を押してもらい、堂々としようと思った。

イベントが幕を開けた。そこにいたサリーを着たスリランカ人女性たちは、本当に美しかった。もちろん、色鮮やかなサリーそのものもキレイだったが、それを着て堂々と、体型に関係なく、笑顔で立ちふるまう彼女たちは本当にキラキラしていた。私はその場面が目に焼きついて、いまだに忘れられない。サリーにお腹がのっている人もいれば、痩せていてあばら骨が見えるような人もいた。腕の細さや太さだってさまざまだ。でも、ただひたすら、みんなが美しく、堂々としているその姿がとてもまぶしかった。

そして、彼女たちはずっと自撮りをしたり、互いに写真を撮りあったりしていた。まるでパリコレのモデルかのようにキメキメにポージングをする人もいて、とにかくとても楽しそう。誰も、自分自身や相手の体型や写真写りを気にしたり、ましてや批判したりなんてしない。少し前まで私はサリーを着ることをためらっていたが、そのこと自体を恥ずかしく思ってしまうほどに。

彼女たちはその写真を即座にSNSにアップロードした。もちろんアプリなどで加工することもなく、まったく同じような自撮り写真を10枚近く載せていた。「ほとんど同じじゃん！（笑）」とつっこめば、「両方良くて、どっちがいいか選べないから全部のせたよ！」と陽気な答えが返ってきた。

昨今、SNSを通して人と自分を比較してしまったり、載せる写真の良し悪しに囚われてしまったり、『使う』はずのプラットフォームに『使われてしまう』現象』が問題視されている。しかし、スリランカで出会った彼女たちは、SNSに「使われる」のではなく、まさに自分たちの自己満足のために「使う」ことを体現していた。全身の写真を撮る時だって、顔や身体を小さく見せるために一歩下がるなんてことはしない。全員が前に出てきて「私が主役よ！」と言わんばかりのモデル状態（笑）

この時に限らず、スリランカで生活する中で「痩せなきゃ」「ダイエットしなきゃ」「これでは美しくない」「盛れてない」「あの人は細過ぎ、太り過ぎ」など容姿に関する発言を耳にすることはほぼなかった。もちろんまったくないわけではないし、文化的にジェンダーによる差が根づいている面もあるので、「女性らしさ」みたいな言葉が聞こえてきて、気になる瞬間もある。ただ、それでもルッキズムという観点でいうと、日本で散々奴に撃たれ続けていた私からしたら、そこに見える世界はずっと明るい。そのおかげで、私自身も気持ち良く自分のために運動や食事を楽しみ、自分らしさを取り戻す日々を送れていたのだと思う。大変なことはたくさんありながらも、この点では非常に生きやすい日々だった。いくらありのままの自分を愛すると頭で決めていても、ノイズが多い環境では実現は難しいものだ。

今でも、日本に戻ってはときどきノイズに自尊心を削られそうになる瞬間もなくはない。ルッキズムについてここまで向き合ってきた私ですらそうなのだから、無意識のうちに闇の中を生かされている人たちは間違いなくまだまだいるだろう。そして、私は出張でスリランカに戻るたびに、この時の気持ちが鮮明に蘇る。

社会が「正解」とした容姿に近づくために、摂食障害状態に追い込まれるところまでになったかつての私には、きっとこのスリランカの女性たちが、お互いや自身をジャッジせずに楽しそうに自撮りする光景は理解できないものだったかもしれない。けれど、この頃は徐々にルッキズムに立ち向かい、「自身を愛する」を実現するべく前進している道中にあった。だからこそ余計に、この光景は心に響いた。そうか、アメリカのシェアハウスで私が聞いた「内なる自信からくる美しさ」とは、このことだったのだ。

もちろんスリランカの人、全員が全員、自己肯定感が高いわけではないだろう。悩みを抱え、スリランカならではのルッキズムや「であるべき論」に苦しむ人だって当然いるはず。主語を大きくしてスリランカ人を統括するようなことはしたくない。ただ、少なくとも日本から来た私の見るスリランカは、「笑顔」と「自己肯定感」にあふれていたのは事実。私がスリランカに惹かれた理由のひとつは、この「笑顔」や「自己肯定感」からくるあたたかさにあった。

ここまできて、スリランカのイメージはかなり変わったのではないだろうか。確かに紛争被害も過去に受け、経済面でも、利便性の面でも、日本に比べたら「途上国」なのかもしれない。けれど、だからといって決して「不幸」なわけではない。幸福度は国の発展や状況だけで測れるものではない。彼女たちの笑顔からあふれ出る自己肯定感は、幸せそのものだ。私もあんな風に笑い続けたい。ルッキズム氏に撃たれ続けていた私は、彼女たちの姿から、かけがえのないメッセージをもらった気がした。絶対に忘れたくない。言葉にするのは難しいが、スリランカの空の下に身を置くと自然と感じる、「自分らしく生きている」美しさと尊さ。そして、そのきらめきは自分の中にとどめるだけではもったいない、そう思いはじめた。

私はこの頃からだんだんと、友だちや知り合いとの会話の中や、SNSなどを通して「体型を関わず、自分を愛することの難しさ、そして大切さ」について自然と発信するようになっていた。主にフィットネスという切り口で、ランニングや筋トレ中の写真を使いながら「痩せるために運動をするのではなく、楽しむために運動をする。自分が自分をより一層好きになるために」ということを書き続けた。それを発信していくことは、自分自身へのリマインダーという意味も大いにあった。私は、マラソンなどのレースにも出るし、そのための練習もする。それは「無理して容姿を変えるため」や、「誰かのために痩せたい」

ではなく、「自分の楽しみ」と「自分の笑顔」のためにすること。また、かつてはダイエット沼の一環だった運動が、こんなにも自分にとってポジティブなものに変化するとともに、考え方も前向きになっていった。それらを忘れたくなかった。

運動をしていると、「ありのままと言いながら、運動をして体型を変えていっているじゃないか」という見方をされる時もないわけではない。日常的に運動し、それを発信している人間が「ありのままの自分を」というメッセージを正しく伝えることは難しいのも現実として実感する。けれど、とにかく最終的には「Q・誰のため？」「A・自分のため」という方程式が生きやすさにつながると思うようになっていた。そして視界も徐々にクリアになりはじめ、私自身少しずつ、終わりなんてないと思っていた暗いトンネルの出口に、一歩一歩近づいていた。

スリランカでもランニングは続けていた。引っ越した数か月後、現地の奉仕団体が主催するチャリティランのイベントを見つけ、興味があったのでエントリーしてみた。開催前日にゼッケンを受け取りに行った時、そこでとある男性に声をかけられた。彼の名前はタリンドゥ。

「どこから来たの？　よく走るの？　毎週木曜の夜にコロンボのインディペンデンス公園で5キロ走る会を毎週やっているから、よかったら来てよ」

現地で仕事や駐在コミュニティを通した人との交流はあったものの、それ以外の友だちは全然いなかったのでうれしかった。この「5キロ走る会」とは、「コロンボ・ナイト・ラン」という名の会で、通称CNR。所属人数200人ほどのけっこう大きいグループで、タリンドゥはCNRをはじめた張本人だった。会費などはなく、ただ「走ることをみんなで楽しみたい」、そんな一心で人を集めたらしい。特に私のように一人で走ったりレースに出たりしている人に積極的に声をかけていた。タリンドゥに声をかけられてから、毎週木曜はCNRと走った。実際に集まって走るのは20人弱だが、速い人もいれば遅い人もいるし、「好きなペースで楽しもう」がモットーだったので気楽だった。

CNRのロゴが入ったおそろいのTシャツを着て夜のコロンボを走ることで絆は深まり、たくさんの友だちが

CNRのメンバーと。一番手前がタリンドゥ。

できた。ランニングを通して、こんな素敵な出会いがあるなんて。コロンボの夜は、東京に比べたら電気も少なくて暗い。暗闇の中でも凛々しく目立つキレイなヤシの木、気をつけないと転びそうになるデコボコな道、夜でも姿勢正しく警備する軍の人たち、容赦なく真横を通っていくトゥクトゥク。南国で走る、それはサウナのような暑さ。周りにはＣＮＲの大切な仲間たちの走る姿。ランニングする時、こんなにも幸せな情景描写ができるようになったんだ。ＣＮＲは、間違いなく走ることの楽しみを教えてくれた。今でも出張でスリランカに戻る時、木曜の夜は必ず彼らと走る。

注9　スリランカカレーは、別々に作った数種類のカレーをひとつのお皿にご飯とともに盛り合わせ、少しずつ混ぜながら食べる。

ゔぃらん
すりらんか
いんさにてぃ

第 3 章

いざ、
社会起業家に

起業準備〜誕生
[kelluna.のタネと芽吹き編]

アニメのキャラに背中を押されて

国際協力の仕事を通して出会ったスリランカでの日々。大変なこともありながら毎日が楽しくて、私に前を向かせてくれた。けれど、外務省の仕事には最長3年という契約期間があったので、先のことも少しずつ考えなければいけなかった。

スリランカに来る前に考えていたのは、契約終了後にまた別の国際機関に就職することだった。ただ、私は「スリランカ」という国にあまりにも惚れ込みすぎた。「国際協力」の仕事は確かに天職だと思えたけれど、別の就職先でほかの国に行くなんて、考えるだけで寂しさを感じるようになっていった。

その時点で、私には「国際協力の仕事」を「スリランカで」することに意義があった。それが自分にとって一番胸がときめく状態だったから。スリランカで働くというのは、もちろん良いことばかりではない。イライラすること、予想外の困難、理不尽でどうにもならないこと、不便なこと、いろいろある。それでも、私はスリランカにいると、顔つきも変わっていることが自分自身でわかるくらいに生きやすくなっていた。私が長年無意識にまとってきた鎧を脱がせてくれるこの国に感謝しかなかった。

日本だとほぼ定刻通りに電車が来て、わかりやすい道を通って通勤するけれど、スリランカにいるとそうはいかない。毎朝、炎天下でトゥクトゥクを拾って、ドライバーに道を指示する。時には違うところに行ってしまうこともある。それでも私はトゥクトゥクに乗って、真横を走るバスの排気ガスで喉を痛めながら通勤しているほうが、気持ちは晴れやかだった。喜怒哀楽の感情や悶々とした生きづらさを解放し、ありのままの自分でいさせてくれるスリランカ。この国で本当に多くの愛情を受け取って、たくさんのことを学んだ。

スリランカで学んだ、心にちゃんと響く「セルフラブの精神」を、どうにかして日本のみんなにも伝えたい。ありのままの自分を肯定させてくれる、この国の愛情を届けたい。「デブスパッツ」と呼ばれた10代の頃からともに生きてきたルッキズム氏の呪いを、この頃にはだいぶどこかに追いやることもできるようになってきた。時に奴が戻ってきてしまうこともあるし、自分に対して過剰なくらい意識的にやさしくすることが必要な日だってまだあるけれど、それでも徐々に私にも奴への勝ち目がでてきたところだった。

やっと……やっーと、なんとなく見えてきたルッキズム――「悶々とした生きづらさ」の正体はお前だったのか――何年も自分と向き合い続け、ようやくそこから抜け出して前へ進めると確信できたからこそ、そしてスリランカの日々を通してさらに自分の中でセルフラブの大切さが腹に落ちたからこそ、これを伝えたい。とにかく、自分の中にその気持ちがあふれかえっていたけれど、方法が見当たらなかった。直接語りかけたりSNSで発信したりすること以外には、どうやったらより多くの人に伝えることができるのだろう。ブログを書けば良いのだろうか。でもそれはどのくらいの人が読んでくれるのだろうか。そもそも、自分は有名人でもなければ、たくさんの人に声を届けられる、いわゆるインフルエンサーといった類の人でもない。伝えたい思いだけを抱え、発信方法についてずっと悩む日々。

同時に、私に「気づき」をくれたスリランカの人たちに恩返しというわけではないが、何か私から差し出せるものはないだろうか、とも考えていた。そこで思い出したのが、現地で関わりのあった女性たちの「自立して働けたらな……」という声だった。

知り合ったスリランカ女性に、とあるハリウッド映画の一部を見せた時のことだ。その映画は、会社の社長である主役の女性が経営などに悩みながらも這い上がっていくという内容。それを見た彼女と周りの女性たちは「インディペンデント・ウーマン（自立した女性）だ！」としきりに言い、「まさにこれがハリウッドの世界だ」と興奮していた。当時、彼女は夫から言葉の暴力などの精神的苦痛を受けていたが、年齢的にもスキル的にも就職が難しいために離婚できない、という状況。映画の中の「インディペンデント・ウーマン」は、ハリウッドにしか存在しない、もしくは自分たちとは程遠い存在だ、と思ったのだろう。

確かに映画の中の主人公は、真っ赤なスーツと派手なハイヒールでニューヨークシティを闊歩しながら経営を立て直していた（今の私が観ても、同じ「経営者」感はないのだけど。いかんせん私は半ズボンとビーサンでトゥクトゥクに乗ってスリランカの街を駆け巡る経営者なので。あ、話がそれた）。しかし、「自信を持って仕事をして、経済的にも精神的にも自立する女性になる」とは、決してハリウッドの世界だけである必要はないのだ。もちろん、それを叶えられる確率は、育った環境や教育によってかなり左右される。残念ながら、それが実現できない環境にいる人も世界にはたくさんいる。スリランカの彼女たちが言うように、あの時点の彼女たちにとっては相当難易度が高い夢物語だったのかもしれない。

とはいえ、そんな話も彼女たちは暗い顔でするのではなく、笑いながらするのだ。
「私たちだってスーツとヒールがあれば、この女優と同じ感じに見えるんじゃない?!」
キャッキャッと笑いながら、闊歩する主人公を真似しはじめる。その場はどんどん笑い声があふれる楽しい雰囲気となっていったが、私の心にはチクリとトゲが刺さった。そして、ずっと抜けなかった。

彼女たちが「働きたい」と言うならば、「ハリウッド映画で観たインディペンデント・ウーマンになる」ことを本当に求めているならば、せめて、その選択肢がある環境をどうにかして用意することはできないのだろうか——私が悶々と模索していた一種の「恩返し」が、それによって実現できるのではないだろうか。

というか、恩返しなんていうずうずうしいものではなく、国際協力分野で働くプロとしても「ニーズに関する『声』をしっかり聞きたい」という精神もみなぎっていた。大学院で学び、国際機関で経験を積み、インドやスリランカでの経験もある。ガーナから帰国した大学生の頃の私は「自分は未熟だ」と思って、一度この分野で生きていきたい気持ちにふたをしたが、この頃には「自分はプロだ」と自信を持てるようになってきていた。もしかしたら、この自信すらスリランカの環境が私に与えてくれたものかもしれない。スリランカを愛する気持ち、国際協力に対する情熱、これは誰にも負けない。仕事に対しても、スリランカに対しても、持ち前のオタク魂炸裂。

スリランカの女性たちが「インディペンデント・ウーマンになる」ために「スキルを身につけてもらう」「働く環境を作る」、という目標は明確なのだが、それをどのように実現したら良いのかがわからなかった。外務省の中で民間の女性雇用プログラムを提案することは立場上なかなか難しかったので、私がスリランカの女性たちに雇用と笑顔の場を作るならば、別の方法を探す必要があると思った。この時の自分の胸の「トキメキ」も大事にしたかった。

一方で、スリランカで出会えた「セルフラブ」の精神をどうやったら日本社会に伝えられるか、についても引き続き模索していた。スリランカ人に対しても、日本人に対しても、「実現したいゴール」は明確だったのに、方法がなかなか思いつかない。

「スリランカの女性がスキルを得て楽しく働ける環境に身を置けること、日本にはセルフラブの精神を伝えること、その両方に関われる企業や団体が存在してれば転職するのになー。なんかいいアイデア降ってこないかなー」

そんなことを思いながら、いつも通りアニメを観ながらごはんを食べていた。そうしたら画面の中から、とあるセリフが元気よく聞こえてきた。

「ないなら、作るしかない！」

そのセリフは「入りたい部活がないなら、部員を集めて自分で作る」といったスポ魂アニメあるあるの場面で叫ばれていた。起業は関係ない（笑）。けれど、その言葉を聞いてようやく私は「自分で作る＝起業する」という選択肢に気づいたのだった。

「ないなら、自分で作ればいいのか」


「起業する」というのは、人生においてそれまで一度も考えたことがなかった。自分とは違う世界だと思っていたからだ。国際協力分野では、国際機関やＮＧＯ団体などで働くことが一般的なキャリアパスだと思っていたのだ。起業した人は周りにもいたし、面白い人たちだなーと思ってはいたけれど、「自分ごと」として話を聞いたこともなかった。

けれど、起業という方法をとれば、自分が実現したい世界観を一気に作り出すことができる。大学受験で経験した「理由があれば勉強を頑張れる」感覚、ときめく仕事に全力投球できる感覚、今回も同じだ。自分の中で何かがカチッとはまる感じがして、すべてがつながった。

もう、やるしかない。

アパレル？物販？経営？？？

スリランカと日本に対して実現したいことは明確、その方法としての起業、それが定まったら、その先はもはや記憶にないくらいの速さで構想が組み立てられた。私の場合「起業する」というのがゴールではなく、「スリランカ女性が笑顔で働けて、セルフラブを伝えた先の日本にも笑顔を増やす」ことがゴール。起業はあくまでそのための手段だったので、その2つが実現可能な方法を探した。

スリランカの女性がセルフラブの心を日本の女性に贈り、日本の女性は雇用のサポートを贈る、その循環はまるで女性同士のプレゼント交換のようだと思った。この愛のこもったプレゼント交換を、橋渡しする存在でありたい。途上国側から日本に伝えられることもたくさんあるし、国同士に優劣なんてない。支援する側、される側という一方通行な考え方ではなく、お互いが目に見えないプレゼント交換をする、この形がとても理想的に思えた。

突破口は「物販」。そこはさほど悩むことなく、自然と自分の中に落ちてきた。スリランカの女性たちと物作りをして、そのプロダクトを通してセルフラブを日本に発信するブランドを作る。ここでも「この商品を買うとスリランカ女性を支援できる」といった一方通行な物販のあり方ではなく「双方に贈り合う」という形にこだわりたいと思った。

まず、彼女たちが今から何かのスキルを身につけるとなったとき、やはり日常生活で身近なものの方が実現性は高い。彼女たちは日頃から裁縫をしていた。それは仕事としてではなく、自分たちの洋服を仕立てたり、趣味としてだったり。もちろん日本で販売できるようなクオリティでのスキルはまだなかったけれど、私たちだって仕事をする場合、入社してから研修を受けて次第にできるようになるものだ。最初から何かが完璧にできる必要はもちろんない。ただ、親しみやすいもののほうがいいと思った。

そして、セルフラブをルッキズム大国・日本に伝えるという、もうひとつの大事な軸となる部分。セルフラブという形として見えづらい概念をプロダクトにどうのせたらいいのか。考えた結果、答えは「フィットネスウェア」しかなかった。私にとって、自分のあり方に大きな影響を与える存在だったフィットネス。これを通して自分の体型が変わり、さらに出会った人やその発言で実際にルッキズムという呪いに気づくことができた。そして、タスクだった走ることが、楽しいライフスタイルになっていった。私の中でのフィットネスとのつき合い方の変化は、まさにルッキズムの影響を象徴しているようなものだった。

それまでとつき合い方を変えたフィットネスは、むしろ自分自身に新しい趣味と新しい世界、新しい考え方を与えてくれた。心が笑顔になる「ライフスタイル」になったのだ。私自身がずっとフィットネスとともに生きてきた経験があるからこそ、フィットネスウェアを商材とし、「痩せるためのフィットネス」ではなく「楽しむためのフィットネス」を提唱することに説得力が出る。そして、ブランドやプロダクトを通してセルフラブを伝えながら、ルッキズム問題の認知度を上げることができるのではないか、と考えた。

私はどうしても自分の胸がときめくことしか頑張れない性分だ。なので、たとえビジネスとしてほかにもっと成功する計画が可能性としてあったとしても、私は自分が情熱を持てる、この方法で実現するのが最適だと確信した。ここに迷いはなかった。スリランカ女性の居場所作り、セルフラブの発信、それを大好きなフィットネスのウェアでクリアしていくことができる。もうこれ以上のベストアンサーはないのではないだろうか。私だからこそできる、だからこそやらねばならない、そんな熱い思いがたぎっていた。

ちなみに、これらはすべて外務省を辞める前の話。本業と並行して準備を進める日々の幕開けだ。この時点では、まだ自分の中だけの構想段階だったので、誰が賛同してくれるのか、果たしてこのブランドとともに歩んでくれるスリランカ人がいるのか、は未知数だった。

とにかく、まずは人がいないとはじまらない。スリランカで適切な人材を集めなければならない。私にはここでどうしても譲れない、さらなるこだわりがあった。それはまず、「働きたい」「インディペンデント・ウーマンになりたい」と思いながら何らかの事情で働けずにいる女性であること。それに加えて「日本にセルフラブを発信する」ことに共感してくれる女性であること。この構想の方向性を明確にしておきたかった。なので、極端なことを言えば「一緒に働きたい」と希望する女性がいても、私が伝えるルッキズム大国・日本の現状や、セルフラブの必要性にピンとこなければ、いずれブランドとしての一体感が損なわれてしまうので、一緒には働けない。スリランカの女性たちと作る第一の意義は、彼女たちが笑顔になれる居場所を作ることだが、さらなる付加価値として、私に見せてくれたルッキズムに打ち克つためのヒントも一緒に伝えていくことにある。なので作り手となる彼女たちにこそ、ルッキズムの概念、セルフラブの大切さは理解していてほしかった。

ウェアに「セルフラブしましょう」なんて文字をいれるわけでもないので、プロダクト自体でルッキズムの問題提起をしているブランドだと表現するのは難しい。つまり、ルッキズム問題を作り手となるスリランカ女性たちが理解していても、していなくても、それはプロダクトからは一見判断することはできない。けれど、目に見えなくても伝わる思いは大いにある、と私は心の底から信じている。実際にこのブランドに関わる女性たちには、「ルッキズムに囚われないで。このプロダクトをお守りにして、自分が素敵だということを忘れないで」と心をこめながら縫ってほしい。そして、そのメッセージを日本に送ってほしいと願った。

インディペンデント・ウーマンになりたくて、ルッキズム問題にも理解を示してくれる女性を、スリランカでどうやって探したらいいのか。真っ先に思い浮かんだのは、例の、一緒にハリウッド映画を観た、夫との関係が良好ではない女性だ。彼女の名前はセナリ。私がセナリに連絡をとろうと思ったのは、映画を観たときの自立を望む発言のほかに、胸やお尻についてなど体型に関する話もしたことがあったからだ。

日本のスタンダード・ビューティーでいうと、彼女はどちらかといえばふくよかで、胸やお尻も存在感があるほうだ。

「今日はニキビができちゃってもう最悪。朝、鏡を見た時に落ち込んだー。夜は友だちの誕生日会だからお化粧もいつもよりキメてかわいくしたいのに。でもまぁいっか、私には最強の胸とお尻があるもの。あはは」

そう言い放つ彼女の笑顔に惹かれた。セルフラブに富んでいるスリランカ女性だって、ニキビができれば落ち込むのだ。常に、無条件に、頭のてっぺんからつま先まで自信がある、というわけではない。当たり前だけど。ただ、ものごとのとらえ方次第なのだ。セナリは存在感のあるお尻や胸が自分のチャームポイントだから、それでトントンだ、とすぐに前に進める。

たまたま彼女と会う数日前に、私は仲のいい日本人の友だちと電話をしていて、同じく胸やお尻というパーツの話をしていた。彼女はセナリとは反対に、胸やお尻が大きくて太って見えることがコンプレックスだ、と悩んでいた。胸が大きいことがなんとなく「良し」とされがちな日本のルッキズム下では、胸が大きな人に「胸が大きくていいな〜」なんて言ってしまうことがあるかもしれない。でも本人は決してその発言に（いくらほめられてる前提とはいえ）心地良いと思っていないかもしれない。ちなみに「お尻大きいね」は、わざわざお尻を育てる筋トレをしている私にとってはほめ言葉だ。なので、以前知り合いに「お尻大きくなったね」と言われた時、とてもうれしかった。スクワット頑張った甲斐あった！　しかし、この友だちにとっては、「お尻大きいね」は傷つくトリガーになるのだ。

日本社会に決めつけられた「こっちが良い」の基準にあまりにも左右されすぎて、昨今、個人の想いをくみ取ることが難しくなっているのも事実。容姿に関する話を一切しないというのも非現実的だが、たとえば他人のルックスについてコメントをしたい時、「とても素敵だね」「すごく美しいね」「今日の服すごく似合ってる」

2018年、セナリに自分の起業プランをはじめて伝えた時。

「素敵な雰囲気だよね」など、身体のパーツに言及しない言い方は結構ある。誰も傷つかず、誰もがよろこべるほめ言葉に言い換えていけたら良いと思う。

セナリに「数日前にそんな相談を日本人の友だちから受けたよ」と言ったら、「私の場合、夫から批判的な言葉ばかり受けているからこそ、なおさら自分で自分の機嫌を取るのが得意なのかもしれない。だけど、誰だってそうだよ。完璧ではないからこそ、自分で自分をほめ続けるしかない」と言う。そういうマインドをすでに持っている彼女なら、セルフラブをテーマに起業し、日本社会にルッキズムを問題提起したいという私の思いもくみ取ってくれるだろう。そう思って早速、頭の中を彼女に共有した。

まだまだアイデア段階だった私の起業案に、セナリは大喜びで共感してくれた。正直、スリランカで出会った人たちの中には、「日本人と働けば日本に行けるかもしれない」「高給取りになれる」というマインドを持つ人も一部いる。しかし、セナリはそんなことよりも「自分がスキルを身につけて、自活することができる。そして日本の女性たちに自分たちだからこそ届けられるメッセージの担い手になれる」というところに共感を示してくれた。うれしかった。異国の地で、こんなにワクワクできて、さらに共感できる相手がいる、私はなんて幸せものなんだろう。

彼女にお願いした役割は、実際の縫製ではなく現地でのまとめ役的なものだ。スリランカで「外人」となる私には、それゆえの壁もあったので、彼女が伴走してくれることは心強かった。そこから私たちの二人三脚の日々がはじまった。この後、彼女と大げんかをしたり離別したりしそうになることもあったし、目が点になるようなトラブルも数えきれないほどあったが、まずはまぶしい未来に向けて、スタートラインに立ったのだ。

ちなみに、そんな彼女は数年後、ずっと関係が良好ではなかった夫と離婚した。それは前向きな決断だった。もともと経済的自立ができていなかったことが理由で、離婚に踏み切れていなかったが、笑顔で働ける場所ができ、自分自身を大事にすることに目を向けられるようになったのだ。「インディペンデント・ウーマンはハリウッドだけの話！」と笑っていた彼女が、実際にブランドを通して変わっていく姿に感動した気持ちは今でも忘れられない。

さて、ブランドのメッセージが決まり、ともに歩む相手も見つけたとはいえ、ここから一体どうしたらいいのだろうか。起業したことがないのはもちろん、アパレル業界や物販の経験もない。ファッション業界に近づいたこともないような私、果たしてフィットネスウェアという「服」を作るにはどうしたらいいのか。少なくとも、作り手となる「人」と、ウェアを作る「生地」が必要なのは間違いなさそうだ。

作り手となる人たちに関しては、スリランカのリクルート・エージェンシー的なものを頼ってみた。そうしたら、多い時は1日で50件近くの応募があり、まだまだ無知だった私は無条件に歓喜した。しかし、ふたを開けてみれば6割がトンチンカンなもの、3割が迷惑メール、真剣なものは1割に過ぎない。しかも、残念ながらその1割から適任者が見つかることはなかった。この手法ではダメそうだ。

次は身近にいるスリランカ人の友だちに、どんどんブランドのコンセプトを話してみた。たとえば、当時所属していた現地のランニングチーム通称CNR。総勢200人ほどいる所属メンバーのほとんどはスリランカ人だ。メンバーたちはそれぞれ仕事をしていたが、何かつながりはないか聞くために、勇気を振り絞って200人のグループチャットではじめて発言をしてみた。そうしたら「周りに聞いてみる」「近所の学校のPTAに話を共有してみる」「シングルマザーの多い学級の先生に伝えてみる」など、多くのチームメンバーが協力的な姿勢をみせてくれた。

あとは、生活圏だったコロンボで、私がよく行くありとあらゆる店の店員や店長に「誰か思い当たる人がいれば」とひたすら話しかけた。当時外務省に勤めていた私は、職業柄どうしても形式重視になりがちで、かなり作り込んだ企画書を作って店の人たちに配布していた。しかし、きっとこの小難しい企画書に目を通してくれた人は一人もいなかっただろう。基本的にスリランカでのビジネスの進め方は、まずは口頭で。そして、ビジネスシーンでも、正式な資料でのやりとりやかしこまったEメールよりも、基本的にワッツアップ（メッセージアプリ）での端的なやりとりが基本だ。これは良くも悪くもカジュアルな分、スピードも速い。

数日後にはCNRのメンバーや店の店員たち、そのほかのスリランカ人の友だちからも、人材に関してどんどんワッツアップでメッセージが来るようになった。そして当然セナリの人脈も大きく寄与した。彼女は私の思いと構想を、実家のあるエリアを中心に口コミで広げ、人材を見つける役割を担ってくれた。

徐々に集まった人たちとは、一人ひとり会って話した。面接というほどの堅苦しいものではないが、雑談をした上で、大なり小なり同じ方向性を向いて歩んでいけるかどうか見極めた。
こうして最終的に12人のメンバーが集まった。異国の地ではじめて起業するのに、この人数は結構思い切ったものだと今になっては思う。ただ当時は、とにかく「夢は大きく、志は高く」、いずれ100人、1000人ということも考えていたので、この人数はとても少なく感じていた。しかし今思うのは、初動でかなり思い切ったなと(笑)。ちなみに、2023年現在でもこの人数は変わっておらず、ここから増やすつもりはまったくない。実際のところ、12人でも日々てんてこ舞いだからだ。

はじめてサンプル品ができた日。なつかしい。

この「準備段階」は外務省に勤めながらの作業だった。一体いつそんな時間があったのだろう、と疑問に思われるかもしれないが、まず、スリランカは祝日が多い。通常の祝祭日に加えて、月に1度の満月の日も「ポーヤ」と呼ばれる祝日となり、本業は休みになる。

この日や週末を起業準備に充てていた。あとは、本業をなんとか定時に終わるようにし、その後に。外務省での仕事は、外出しての打ち合わせも多かったので、仕事が落ち着いている時は、ときどき自分の起業の準備もすこ〜しだけしていたのはここだけの秘密。かといって、仕事ざんまいという息苦しい生活ではまったくなく、フィットネスやアニメを楽しむ「自分時間」も大事にし続けていた。

次の課題は生地探しだ。コロンボにも生地屋はいくつもある。しかし、これらの店頭にある生地は、量や価格において、あくまで個人向け。そして何よりフィットネスウェアに必須である「ストレッチ性がある生地」ではないことが多い。それでもコロンボの生地屋という生地屋は、ほぼすべて回ったのではないかというくらい探した。店の人に毎回ワッツアップの番号を教えながら、「もしストレッチ性のあるフィットネスウェア向けの生地を置いている店を知っていたら教えて」とお願いしていた。同業他社を教えてくれという、なんともずうずうしいお願いだ。この頃、家に帰ってから入る連絡は、その店の人たちから「へ〜い！」「やあ！」「遊ぼう」といったものが多かった。むやみにワッツアップの番号は教えるもんではない。

それらを削除する日々の中、ようやく親切な店員から「あそこならストレッチ生地があるかもしれない」というありがたい情報が届いた。私の生活圏のコロンボからは車で2時間ほどかかる場所だったけれど、早速その週末に出向いた。残念ながら、フィットネスウェアに使えそうなストレッチ生地は見当たらなかったけれど、今度はそこにいる店員から「ここからさらに先のところに、廃材を扱っている個人店がある。各種工場からの廃材をストックしているから、コットン、レース、ポリウレタンと生地に統一性がない。逆に、そういうところはストレッチ生地があるかも」という情報を得た。

みんなとても協力的だった。「外人女性が一人で何やら奮闘している」と見えていたのだろうか。というか、事実そうだ。

この協力的な生地屋の店員に「ところで夫は？」と帰り際に聞かれたので「独身だ」と答えた。この頃、正直に自分の私生活のステータスや仕事内容も晒してしまっていた。そうしたら「同性愛者なのか？」と問われた。どうやら、スリランカのスタンダードで考えると、当時29歳で独身、しかも海外で一人仕事していることが彼には信じられず、法的に結婚できない何らかの事情があるのかと思ったとのこと。そして、「生地なんて探してないで、夫を探した方がいい」とご丁寧にアドバイスまで。まったく、大きなお世話だ。そして息子を店の奥から呼んできたので、紹介しようとしてるのかと思いきや、

「この子、30手前で独身らしい」

10代と思しき息子は
「マジで。俺ですら結婚前提の彼女いるのに。やばいね」

廃材店を教えてくれて、とても親切だったが、お節介が過ぎて少しプンプンしながら、私はその店を去った。

そんなこともあったので、最近では婚姻ステータスをスリランカで問われた時は、「結婚している」と答えて、相手の詳細を聞かれた時には、好きな漫画のキャラの話をあたかも夫かのように話している。なれそめなんかも自分の妄想を話すので、かなり痛々しいなと思うが（笑）、大変な日常の中でこれくらいの楽しみは許してほしい。

その廃材を扱う個人店はとてもこじんまりとしたところで、一人で見つけることは到底できないような場所だった。やっぱり、ありがとう。お節介おじさん。

その個人店のオーナーは、英語はまったくできず、当時の私はシンハラ語[注10]はわからな

かったので、ドライバー君に通訳してもらった。この彼も、起業までの道のりをすべて間近で見てくれて、さまざまな場面で活躍してくれた。今でもスリランカ滞在中はおともしてくれる。

肝心の生地はといえば、やはり廃材なので種類に一貫性はなく、「その時あるもの」がすべてになる。一期一会なのだ。その中から、私は縦横にストレッチ性がありフィットネスウェアに使えて、何よりかわいい生地を探し続けた。廃材の生地たちを手に取りながら、私は改めてポテンシャルを感じていた。行き場のなくなった生地が生まれかわり、誰かの宝物になるかもしれないなんて最高じゃん!

やっと見つけためぼしい生地は買いだめをした。生まれてはじめて生地を大量に買ったが、ただの布がこんなに重いものだとは知らなかった。筋トレしていてよかった、と心底思った。

このオーナーはガラケーを持っていたので、連絡先を交換し、それ以降ストレッチ生地

廃材生地を扱う店にて。生地が入るとネシャンタ(左)が連絡をくれる。中央は当日いた店のスタッフ。

が入ってきたら、私のためにとっておいてくれることになった。ただ、そのたびに昼夜問わず「ストレッチ生地が入った。明日来い」と、まるで束縛彼氏のような連絡がくる。あちらも英語が母国語ではないので、どうしてもシンプルな文が命令口調に見えてしまう。本業があるのですぐに見に行くことはできない、と何度説明しても、呼び出しの連絡は絶えなかった。とはいえ、なるべく早く！と見に行くと、いつも奥からいくつか出してきてくれるのがありがたかった。

よし、12名のメンバーと生地の仕入れルートを確保した。さて、次は何だろうか。アパレル、物販、そして経営の知識すらゼロな私は、一歩ずつ解明していくしかなかった。

実はこの時点で、スリランカでの駐在生活を開始してからまだ4、5か月しか経っていない。体感としては一年くらいだったが、個人的に思っていた以上に短期間で、しかも本業がありながらここまで進められたことはなかなか誇らしかった。この先もいける、という気持ちがみなぎっていた。良いスタートだ。

「成功するかわからないけど、見てくれている人がいれば一緒に歩んでほしい」という気持ちもこめて、この挑戦の過程をＳＮＳやブログで発信もした。ハッシュタグは

「#yunaproject2018」。自分で試作品を身につけてジムに行き、筋トレをしている動画をこのハッシュタグを使って上げたりもした。より良いものを作っていく過程として「このストレッチ性だと微妙だ」などつぶやいたりもしながら。私自身、この起業準備を進めていく中で情報不足を感じたからこそ、残していきたい思いもあった。いや、どちらかというと見てくれている人たちと一緒に作っていきたい気持ちのほうが大きかったかも。

まだブランド名を持たない種まきの時期だからこそ、失敗や愚痴などをすべてさらけ出すことができていた。生地を探す過程も配信したり、実際にオンラインで生地の柄のアンケートをとったり。スリランカにいると、日本にいる頃より友だちづき合いも減り、娯楽も少ない。だからこそ、寂しく感じる時はそうやってオンラインを利用していた。

特にマーケティング的な策略があったわけではなく、純粋に、自分の備忘録も兼ねての発信だったけれど、アパレル経験のある人からアドバイスをいただくこともあった。それに、日本から見てくれている人たちから応援の言葉をもらうたびに、私のやる気には火がついた。洗濯表示や生地の組成に関するルール、生地だけではなくレギンスのウエストバンド、縫製糸、ミシンをはじめとした各種機械などの調達、作業場となるアトリエ探し、スタッフへの給料支払いや資金に関してなど、すべてが知らないことだらけ。まったく別業界のことを新しく学ぶ日々はなかなか楽しかった。
学ばねばならないことだらけの日々だったが、今思い返すといつも必ず誰かが助けてくれた。ルッキズム氏に振り回されっぱなしだった私の鎧を脱がせてくれたスリランカ。その思いを形にしたくて起業を決めた後も、こうして私はスリランカや、この国の人たちに助けられてばかりだ。

注10　スリランカの公用語の1つ。

予期せぬチャレンジばっかり

私にたくさんの手を差し伸べてくれて、愛や気づきを与え続けてくれるスリランカの人たちと環境、文化。スリランカをこれでもかとほめまくってきたが、私に絶望感を与え、どん底に突き落としてくるのも、同じくスリランカの人たちと環境、文化だ。だいたい、はじめての起業、はじめてのスリランカ駐在、はじめてのアパレル、本業でも奮闘しながら並行しての準備、そんなスムーズにうまくいくわけがない。さっきと言ってることが違う？　どっちも本音なのだ。

私にとって、スリランカは愛おしくてたまらない存在だ。けど、同じくらい腹が立つときも正直ある。どんなことでもそうだと思う。たとえば、世界一大好きな恋人だって、殴り飛ばしたくなる瞬間はあるよね？　親子関係、友人関係、思い入れの強いものほどそうなんじゃないだろうか。逆に「好き」しかなくて、夢物語を作り出してしまうのは、現実が見えていないのと同じだ。スリランカに対する愛が１００だとしたら、むかつく気持ちも90くらいになる時がある。ただ、愛が常に少しだけ勝っているのだ。だから頑張り続けられる。この国を知れば知るほど好きになっていくが、腹が立つ回数だって増えていく。とはいえ、スリランカを何も知らない人が、スリランカをディスるのはどうも受け入れられない。私が言うのは許される、なんて横柄なんだろうと自分でも思うが、なんだかんだ、愛ある愚痴なのかもしれない。

そんなわけで、些細なものからヘビーなものまで、実は腹が立つことも日々山のようにあった。

当初、製作を行うアトリエは、小さな一軒家の2部屋を借りていた。スリランカはご近所づき合いにとてもオープンな人が多く、誰かの自宅でごはんを食べることも多い。私たち日本人も、駐在員コミュニティーで集まる時は誰かの家に、ということが多かった。東京に比べたら部屋が広く、物件によっては庭に緑があって、窓から差し込んでくる太陽光も気持ちがいい。そんなスリランカでは、誰かの家で楽しい時間を共有することが自然と増えるのかもしれない。

私たちのアトリエも開放的な空間を作りたかったので、勤務中は施錠も最低限、近所の人がフルーツのおすそわけに訪れたり、メンバーも出入りが自由にできたりする空間にしていた。そのため、メンバーは電話に出るためなど外に出ることがときどきあった（スリランカでは日常的に電話の数がめっちゃ多い。文字より声のやりとりのほうが一般的）。

ある日、メンバーの1人が外にふらっと出たが、「電話かな」と思って特に何も言わなかった。が、そのままその日は帰ってこなかった。この頃は開業前なので彼女たちも毎日アトリエに来るわけではなく、主な稼働日は土日や祝日、ときどき例外的に平日という感じ。私に本業がまだあったこともあり、世間の一般的な稼働日とは逆にしていた。私自身、毎日アトリエにいたわけではなく、平日にときどき顔を出したり、本業が休みの日に滞在したりしながら準備作業も進めていく、というスタイルだった。なので、彼女が戻ってこなかったのが、これがはじめてではないことに気づくことができなかった。体調が悪くて早退したのだろうか、などいろいろ憶測した。翌日は出勤していたので、体調は回復したのかな、と安堵したものの、その日もまた3時以降姿が見えなくなった。

従業員が逃げるのはよくあることだ、と聞いていたし、まさか……なんて思いながら理由を聞いてみると、ニコニコしながら答えてくれた。

「3時は私のおやつの時間だから、家に帰ってティータイムしてた。ティータイムが終わったころには、もう4時半だったの。そうしたら、アトリエに戻ってきてもすぐ終業時間でしょ。だから戻るのももったいないと思って戻らなかった。今はまだ開業前だしサンプル品作ってる段階だし、自分の分は終わってたからね。スリランカ人にとって、ティータイムはとっても大切な時間」

返答があまりにも堂々としすぎていて、今までティータイムに帰宅していなかった私のほうがおかしかったのか？　と自省しそうになった。念のために言うと、スリランカ人みんながみんなこうなわけではない。外務省でもアトリエでも、ときどきデスクでクロスワードをしたり動画サイトを堂々と見ていたりする人もいる。が、スリランカでも日本でも、いや世界のどこでも、勤勉な人もいれば怠惰な人もいる。要領が良い人だっていれば、そうでもない人だっている。彼女にとっては3時頃になったら休憩するというのが長年貫いてきたライフスタイル。そもそも今まで働いたことがなかったため、「規定の就業時間」「勤務時間に対して発生するお金」といった概念もなかったのだ。開業前でブランドとして収益は得ていなくても、彼女たちのお給料は発生していたのだけれども。まぁ確かにスリランカ人にとってティータイムは大事な時間。いかんせん、セイロンティーの国だ。

頭ごなしに注意するのではなく、今はみんな同じ時間をアトリエで作業をして、そこに対して均等な対価が発生していることを説明する。結局、アトリエへのおやつ持ち込みをOKにして、基本的に就業時間中はどこかに行ったりせずアトリエでティータイム休憩をとるということで解決した。それ以降は、私も「おやつバスケット」をアトリエに置き、ときどきお菓子を入れるようにした。日本のかわいいパッケージのものを持っていくと、

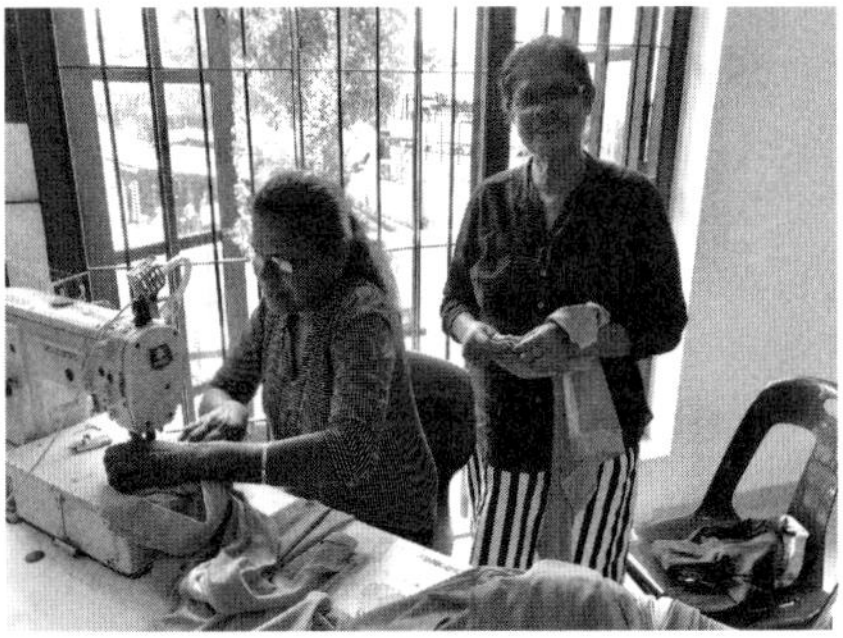

ダータ（左）とサロジ（右）。常に落ち着いていて、安心感のある2人。

みんなとってもよろこんでくれる。「日本はお菓子のパッケージにかわいいキャラを描かないといけない法律でもあるの（笑）？」と冗談を言いながら。特にコアラのマーチは人気だ。

私たちが日々「常識」と思っているようなことも、相手の文化や習慣、育った環境、価値観によっては、当然「常識」にはならない。反対もそう。こういった小さなことの積み重ねが「歩み寄り」なんだな、と改めて感じたできごとだった。それは人種に関係なく、誰との関わり合いであってもそうだ。それこそ、自分が思う「体型が細いことが正義」という常識に則って「細くていいな」なんて言葉をかけても、相手にとってはそれが「正義」ではないことだってある。どんな事象に関しても、自分が身を置いている社会のベクトルでものごとを測る方が簡単だが、それだけであってはならない。

フライヤーやウェブサイトに使うために、開業前にたくさん写真撮影もした。カメラを向けると、みんな「あ、ちょっと待って」とかばんからクシを取り出して髪をとかす。もしくは、結んでいる髪の毛を下ろす。直しどころはたいてい髪の毛。もちろんアプリでの加工にとらわれたりしない人たちでも、「キレイに写りたい」は当たり前にあるのだ。それは人として自然な気持ち。それがルッキズム氏にいじめられすぎると、過去の私のように写真1枚撮るのに身体の太い・細いをいちいち気にする過度なところにいってしまうのだろう。

そうして、たくさん撮った写真でフライヤーやサイトを作成していき、それをある日、すべて印刷して彼女たちにも見せた。すると突然、無口なメンバーの1人が涙ぐんだ。
「えー！ そんなに感動してくれたの!?」と一瞬思ったが違った。泣いたままトイレに行ってしまい、引きこもり状態。心配になってトイレのドア越しに理由を聞くも、沈黙……。
彼女と仲の良い別のメンバーにワケを聞いてもらうと……。
「みんな、それぞれ写真が5枚は使われてる。私は3枚だけ。私も頑張ってるのに。その3枚のうちの1枚は、小さく写っているからメインじゃない！ しかも髪型変だし！評価されなかったということよね。だからもう私は辞めたい」

……!?

まさか、写真の枚数が、そこまで彼女を傷つけるとは思わなかった。しかし、彼女たちからしたら、こういった媒体に自分たちの写真が載ることだけが、自分たちと日本をつなぐ大事な素材になる。スリランカの田舎にある小さなアトリエにいる自分たちを、日本の人たちに「見て」もらえる唯一の場所というか……。自分の仕事や働きっぷりを外の人たちに見てもらいたい、認めてもらいたいという気持ちは、誰しもが自然に多少なりとも持つもの。彼女は、いつもとってもシャイで無口で、写真を撮っても何故か絶対に笑わないので、私も気づかなかった。いや、むしろ写真が嫌いだと思ってしまっていたかもしれない。

この後、彼女をセンターにして、全員で集合写真を何枚も撮った。夕方には、また笑ってくれていた。ホッ。

カンティ(左)とセナリ(右)。カンティはパタンナーとして活躍中。

私にはアパレルや経営についての知識はまったくなかったが、それらはネット上である程度学ぶことができる。しかし、こういった事態への対処法や解決策は、学校や本で学ぶことはほとんどできない。現場で実際に経験し、毎回自分なりに歩み寄って理解していくしかないのだ、と痛感した。

当初アトリエにしていた場所は、友だちが大家と知り合いだったことから借りることができた。しかし、その大家が突然メンタルの浮き沈みが過剰になった時期があった。政治に対する怒りをとてつもなく過激な言葉でネット上に載せ、噂では日常生活でもだんだん暴力的になりだしたとも。この頃（も）、スリランカ国内の政治は不安定で国民のストレスが溜まりやすい状態にあった。この国ではデモもよく起きる。彼自身、何か強く思うことがあったのだろう。良好な関係にあったはずの私にも、ある日突然メールが届いた。

「今すぐ退去しろ。明日までに出ていかなければ、中の資材をすべて燃やして捨てる」

無理な話だ。びっくりしたが、この頃には1日10件くらい、なんらかの困難を乗り越える生活をしていたので、免疫も動じない精神も身についていた。理不尽ではあるが、何らかの対処をすればいいだけの話ではある。退去の件は1か月前には通知するという契約書は結んでいるが、もしもすべて燃やされてしまったら今までの私たちの努力が無駄になってしまう。働いているメンバーたちのモチベーションにも影響するかもしれない。なにより、アトリエにいる彼女たちも危険だ。そう考え、急遽アトリエを別の場所に移した。「明日まで」にはできず、数日かかったものの、どうにか燃やされることは免れた。いくつかの資材は行方不明となっていた。盗られてしまったのか、私たちが失くしてしまったのかは不明だけれども。でも、このトラブルのおかげで、さらに素敵な場所へアトリエを移すことができたので結果オーライ。

実際のフィットネスウェアを作る過程でも、数えきれないくらいたくさんのチャレンジがあった。私は縫製が得意な人たちを採用したわけではない。「インディペンデント・ウーマン」への憧れがあるモチベーションが高い人、そしてルッキズム大国・日本の現状に何らかの理解を示し、セルフラブを発信することに共感できる人であることが条件だった。だから、フィットネスウェアを作ること自体、全員にとってはじめての試みで手探り状態。正直、私もユーチューブで「パターン台紙の作り方」などを調べるところからはじめていた。現地で既にそのスキルに長けている人たちに青空教室を開いてもらうなど、たくさんのトライ（アンドエラー）をくり返した。いくつものチャレンジをみんなでそうして乗り越えてきたからこそ、だんだん絆は本当のものになっていった。彼女たちからしたら、「セルフラブをしつこいくらいに発信している日本人」が自分たちと仕事をしたい、と言ってきたところで、どこまで信頼できるのかは最初の頃は未知数だっただろう。突然「飽きたからやめた、日本に帰る」と言われるかもしれない。

その一方で、私の視点からもそうだった。彼女たちのことは大好きだったが、どこまで一緒についてきてくれるのか、ときどき疑心暗鬼になることもあった。例のアトリエの移転で物を紛失した時も、内部の誰かが日本製のものを売ってしまったのではないかという考えも一瞬頭をよぎった。みんなすべてのことが「はじめて」だったことや、私が本業もあったことからも、最終的に開業準備には1年8か月かかっている。これが長いのか短いのかは判断しづらい。スリランカという環境で、自分なりに、与えられた条件下でブルドーザーのようにものごとを力強く進めていったとも思う。でも、もしかしたら要領が良い人なら1か月くらいでやれてしまうのかもしれない。ただ、今になって間違いなく言えるのは、この準備の時間をかけたことによって、私たちの信頼は確固たるものになった。時間をただ一緒に過ごすだけではなく、トラブルあり、チャレンジあり、（たくさんの）笑いあり、涙あり、ブチギレあり、愛とハグありの日々だったからこそ。

私の外務省での勤務契約は2年間で、更新すれば最長3年間というものだった。私は2年間の任期をやり遂げた時点で、並行して準備してきたこのブランドに名前をつけて世に出す、という段取りでいた。なので準備期間が1年を過ぎた頃から、メンバーのみんなにも「今年はいよいよ、本当のスタートラインに立つ年になるよ」なんて言って奮い立たせ、士気の高い状態で2年目を迎えることができていた。私も彼女たちも、みんなワクワクしていた。たくさんのチャレンジを経て、ようやく形になってきて、あと少し。あと1年いろいろ詰めたらいよいよお披露目、というところまできていた時だった。

私たちのワクワクした気持ちを吹き飛ばすように、スリランカで、誰も予期せぬ悲劇が起きた。

連続爆破テロを経て決まった覚悟

2019年4月21日、スリランカ国内の8か所で、爆弾によるテロが発生した。キリスト教のイースター(復活祭)だったこの日に、教会や外国人も多い高級ホテルが狙われ、200人以上が死亡する大惨事となった。普段、日本のメディアで「スリランカ」の名を耳にすることはなかなかないかもしれないが、この事件は日本、そして世界中で速報としてニュースが流れた。今でもスリランカの話をすると、「紅茶の国」「カレーの国」に加えて「最近テロがあった国」と言われるようになってしまった。4年経った今でも、現地の人はもちろん、スリランカに関わる私たち日本人の間でも、この時のことを話すのはやはり少し覚悟がいる。

テロが起きた日、私は友人の結婚式に参列するために、たまたま日本に一時帰国していた。結婚式の最中に、爆破テロの発生を日本とスリランカ双方のニュース速報で知った。結婚式という幸せあふれる空間で、私は冷や汗と動悸がとまらなかった。同時に、あまりにも突然のことだったので、正直どれくらいの深刻さなのかもすぐには理解できなかった。

次第に、外務省からもメールが届きはじめた。当時、私はまだ外務省で働いていたので事態の詳細やアップデートが内内で共有されていた。それらは目をそむけたくなるような内容ばかり。メールの数が今までにないほどに増えていき、夜にはスリランカにいる友だちたちとやりとりをしていたグループチャットでも、さまざまな状況共有、安否確認、憶測の連絡が行き来しだした。

私は鳴り止まないスマホを握り、あふれ出すさまざまな感情を処理できずにいた。セナリに電話をして、アトリエのメンバーの安否は確認できたものの、電話での様子からも本当にただごとではないことが伝わってくる。その時の一時帰国はごく一部の人にしか伝えていなかったことから、日本にいる友だちからも「スリランカにいるんだよね、大丈夫？」という連絡が次々と届く。

次第に死者の人数や詳細の連絡もスリランカから届きはじめた。日本とスリランカ双方から連日届く連絡に参ってしまい、普段スマホと一心同体な私も、スマホを壊したくなった。もう見たくない。でも、ここで音信不通になってしまったら周囲に心配をかけてしまう。必死に、一つひとつ、返事をしていた。

爆破テロが起きてから、私が一時帰国中の日本を発ってスリランカに戻るまではたったの数日。正直、犯人グループが特定されて逮捕されたわけでもなく、次の犯行現場に関するさまざまな噂も絶えない中で、戻るのが怖くなかったと言えば嘘になる。渦中に戻るのは、まさに命がけだった。日本から外務省に退職届けを出して、このまま日本に居続けることも可能ではあったかもしれないけれど、この時私の中では「早くアトリエのみんなのそばに行きたい」という気持ちがはるかに勝っていた。日本の家族や友だちは私がスリランカに戻ることをとても心配していて、それを申し訳なく思いながらも、やはり私には戻らないという選択肢はなかった。

戻ってからも、厳重な外出禁止令が出ていたのでいつものドライバー君に迎えにきてもらうこともできず、移動する車の手配にすら一苦労する状態。どうにか空港を出てみると、日本に帰っていたわずか数日の間に、街の表情ががらりと変わったことを肌で感じた。改めて事態の深刻さを痛感した。

――いつ何がどこで起きるかわからない。

これは生きている以上、どこにいても同じことだ。日本でも普段から「いつ何が起きるかわからないしね～」なんて口にすることはあったが、この言葉の本当の意味を、私はこの時、身をもって、心の底から感じた。確かにテロが起きた日は日本にいたが、その後のスリランカの生活では笑うことがとても難しくなり、鎧が脱げていたはずの国で生きた心地もせず、不安や孤独感と戦っていた。それも、数日、数週間、ではなく、数か月にわたって続いたのだ。

単身赴任だったというのも孤独さを助長させたと思う。アトリエのメンバーも精神的に相当参っていたので、外出禁止令が解除された後は、なるべく多くの時間、彼女たちと会うようにした。とはいえ、この先何が起きるのか、私だってわからない。そんな中ではあいまいな言葉をかけることはできず、黙ってしまうことも多かった。私自身の不安と孤独が表に出てしまい、彼女たちとも笑って会話をすることができなかった。

日本では、テロ直後はしきりに報道されたものの、少し時間が経ってしまえばもう直接的に影響はない過去のことになっていった。日本での日常は進んでいく。けれど、私たちは、スリランカで足踏み状態だった。

そんな時、アトリエのメンバーに言われた一言が私を救った。

「ユウナはもうファミリーだから。もし、今精神的にしんどければ、なるべく一緒に過ごしましょう。私たちは、スリランカが母国だし、近所の人や友人たちと励まし合うことができる。けれど、ユウナは日本から一人で来ていて、私たち以上に孤独や不安と戦っているのかもしれない。ファミリーはこういう時、助け合う」

スリランカの文化で、「ファミリー」とはとても意味のある言葉だ。良くも悪くも、プライベートと仕事の境界線が日本に比べたらゆるやかな部分がある。彼女たちにとって、ファミリーは「絶対的に人生で優先すべきコミュニティー」。その価値観を持っている人たちが、そこに自分も含めてくれたことがとてもうれしかった。

前述の通り、開業準備に1年以上かけた理由はたくさんある。未知の土地で、はじめてのことをする。その上本業もあったので、時間の制約ももちろんあった。しかし、一番大きな理由は、一緒に進めていく彼女たちとの信頼関係と絆を、時間をかけることで真のものにしたかったから。何度もぶつかり合い、うまくいったと思えば沈むときもあった。それは文化や環境の違いもあるが、きっと何よりお互いが本気だったからこそ。信頼関係とは数値化も視覚化もできない。けれど確実に距離は縮まっていたのだ。「ファミリー」と呼んでもらった時に、それを確信した。もう私たちは確実に真の信頼関係を築くことができている。私にとっても、彼女たちは家族のような存在だ。

彼女たちから見れば、スリランカ人ではない私は帰ろうと思えばいつでも日本に帰れる。そもそもテロの後に戻ってくることを選ばなくてもよかったのに。みんなの側にいることを選んだことが、彼女たちが私を「信じていいんだ」と思うきっかけになったのだろう。それで、ファミリーという言葉をくれたのだ。

この言葉をもらった次の日、大使館に行き、任期満了前だが退職する意思を伝えた。大事な「ファミリー」と認めてもらったならば、彼女たちに同じ熱量で返さなきゃいけない、そう思った。それに「いつどこで何が起きるかわからない」のだから、いつまでも準備に時間をかけるわけにもいかない。もう、「今」やるしかない、そんな気持ちになれた。

テロは今でも私たちの心から消えることのない惨事。もちろん、あんなこと起きなければよかった、起きてはならないことだ、と心の底から思っている。それでも、この悲劇を機に私は小さな光を紡ぎ出すことができたように思う。

2019年7月。本来であれば契約期間が残っていた私は、8か月前倒しで外務省を辞めた。予定より早くブランドを世に出し、彼女たちと一緒に生きていく決意をした。

kelluna.爆誕！

ファミリーとなった彼女たちと作り出した、私たちの子どものような存在であるこのブランドは、『kelluna.（ケルナ）』と名づけた。準備期間中に、過程を共有するために使用していたハッシュタグ「#yunaproject2018」を仮の総称にしながらブログなどで発信していたが、実際の正式なブランド名については、何度もブレストをしていた。しかし、しっくりくるものになかなか出会えず、頭を悩ませる日々。

でも、「ケルナ」が思い浮かんでからは、即決だった。シンハラ語で「女子」を意味する「kella」に、日本人女性の名前に使用される「〜na」（奈、菜、那など）をあわせた造語だ。スリランカの女性がプロダクトを通して、セルフラブの大切さをルッキズム大国・日本にいる女性たちに発信。そして日本女性のプロダクト購入がスリランカ女性の「インディペンデント・ウーマン」を続ける力になる。私たちのブランドは、日本とスリランカにいる両者が輝くための橋のような存在を目指す。「スリランカの女性×日本の女性」を表現できるこの名前は、私たちのブランドにぴったりだと思った。「kelluna.」の最後につく終止符には、「女性同士の力で何かを『完成』することは可能である」という意味を込めた。

外務省を7月末に退職し、ビザの関係と販路が日本であることから私は日本に帰国。2週間で最後の大詰め作業を終わらせることにした。日本でしかできない事務作業や撮影など、ものすごい勢いで進めた。スリランカの彼女たちが、自分たちの作ったフィットネスウェアが日本の人たちの手に届くのを待っているのに、もし「8月も9月も日本で準備するから、11月まで待って」となると、気持ちが盛り下がりかねない。そのためにも、「最短で2週間でやる」と、見切り発車した。

「yunaproject」を日本で見守ってくれていた人たちにも、最短で届けたかった。この時の私は、良い意味でとても感情的になっていた。ずっとあたためていたものが、「ファミリー」と作り上げてきたものが、ようやく日の目を見るのだから。自分が長年苦しみ、向き合ってきたルッキズムのややこしさを、ベストな形でようやく発信することができるのだから。

ありのままの自分をやさしく抱きしめ、愛する。異なる他者を受け入れ、認め合い、愛する。長年のルッキズムとのつき合いも経て、これこそが真の「美しさ」だ、と心の底から思えるようになった。スリランカという国で、ようやく言葉と形にできたこと。「美しさ」は、特定の形だけではなく、人の数だけ存在する。そんな思いから、ケルナのコンセプトを、「Beauty comes from self-love（「美」とは、自分を受け入れ愛すること）」とした。

スリランカの女性たちの働く力をサポートしながら、日本にセルフラブやボディ・ポジティビティの大切さを発信するフィットネスウェアのブランドとして、ケルナは２０１９年８月、晴れて誕生した。

フライヤーやサイトなどに使う写真素材は、スリランカで撮ったケルナのメンバーのものに加えて、ウェアを着た日本人たちもモデルに起用した。それらを撮影する際、セルフラブやボディ・ポジティビティを提唱するのに、どう表現するかはかなりこだわった。日本社会は、体型の「多様性」を表現する時に、プラスサイズの人だけにスポットライトを当てるなど、少しかたよった表現方法に行きつく傾向がある。「それ」はもちろんありなのだが、「それだけ」ではない。私たちの容姿は、みんなそれぞれ違う。華奢で太りづらい体質、丸みを帯びた体型、筋肉質……。それに身体の形だけではなく髪の毛の癖、肌の色、目の形……本当に人それぞれ、さまざまな個性でできあがっている。だからこそ、ボディ・ポジティビティを表現するために、もちろんプラスサイズモデルと呼ばれる彼女たちとも撮影はするが、ほかの体型にもスポットライトをあてるのはマストだった。たとえば、人からみたら「悩みがなさそう」なんて思われてしまうかもしれない、いわゆる「キレイとよく言われそうな人」だって、ルッキズムに悩むことだってあるだろう。極端に目立つパーツがないからこそ、ルッキズムにやられていても表には見えなそうな人だってたくさんいる。そう、つまり「みんな」を表現したかった。一人ひとりの「リアル」を見せたかった。

他者からみたら「うらやましい」と思われるような人だって、まるっと自分の容姿を愛することはそんなに簡単なことではない。美女、イケメン、そんな風に言われてる人たちだって、実はルッキズムの被害をガンガンに受けている。むしろ「キレイな人は容姿では悩まない」そんなふうに言い切るのは逆ルッキズム、言葉の暴力にすら感じる。想像力を働かせることで、その人の輝きの裏にある努力や悩みも見えてきたりもする。だからこそ、写真などのイメージ形成に直結する素材には力をいれたかった。内なる自信や、セルフラブからくる美、それを表現することに注力した。

以前、プロのモデルたちの撮影現場に立ち会う機会があった。170㎝以上の女性たちが何人もいる場は、まるでパリコレの現場を覗かせてもらっている気分になってワクワクした。その時、カメラが回っている間はとても堂々としたポージングをしている彼女たちが、その後の雑談タイムでは「そういえば高校生の頃、身長が伸びるのがあまりにも止まらなくて、病気かと思った」、「わかる〜、あと3㎝伸びたら病院に行こうと思った」、「私、行ったよ！(笑)」なんて会話をしているのを耳にした。「背の低い子がうらやましかった」「女子の平均身長からかけ離れてて、巨人扱いされた」なんて、いわゆる「容姿」を職業とする彼女たちにも、彼女たちなりの悩みや闘いがあったんだなぁ、と改めて感じた。あの世界的に有名な役者のアン・ハサウェイだって「体型のことも含め、いろいろなことを言われてきた。そんな時、自分を愛せていないと、批判的な言葉を信じてしまっていた。でも、他人の評価に依存しないと決めてからは、自分をきちんと愛することができるようになってきた。まだ毎日ではないけど、前よりは自分を大切にすることで人生に感謝するようになった」と言っていたくらいだ。[注11]

かといって、これはルッキズム、あれは逆ルッキズム、とがんじがらめにしたいわけでもない。「それじゃ、何も言えなくなる！」と思う人もいるだろう。容姿に対してなんらかの印象を持つのは当たり前だし、すべてを払拭しろというわけでもない。感性や好みだってある。そもそも感性自体はとても尊いものだし、「憧れ」や「なんとなく惹かれる」という気持ちだって、もちろん誰にだってある。

ただ、特定のあり方を「正解」とするムーブメントが人を傷つけることになりうるのがルッキズムだ。画一的な美の概念が定着し、それによって呪縛にかかっていく人は確実にいる。ほめ言葉のつもりだった、悪意があったわけではない、そこまで気にすると思わなかった——受け手の問題だけではなく、言葉を発する側にもさまざまな思いはあるだろう。だからこそ、表面に見えているものだけで判断せずに、一歩先まで想像力を働かせて言動を選ぶ。当事者のことを知ることで歩み寄り、少し気をつけて発言する。とても単純なことのようで、せわしない現代社会では意外と忘れがちなことだったりするのかもしれない。

ケルナのコンセプトを人に話す時、私自身も「でも、ゆうなさんは容姿にコンプレックスある人の気持ちがわかるんですか？」と言われることもある。私を知っている人は「すごく太っているわけでも、すごく痩せているわけでもないのに、どうしてあなたがボディ・

ポジティビティを？」とか「運動して身体を鍛えて、自撮りまでSNSにアップしてて、コンプレックスなんてないでしょう？　なぜルッキズムをあなたが語るの？」などと思う人もいるかもしれない。そう言われることにビクビクすることだってあった。でも、「まさにそういうこと」だとも思う。「誰だって」容姿について悩むことはある。私も散々悩んで、闘ってきた。社会が特定の容姿を理想像に掲げる限り、そこに当てはまらないことへの悶々とした気持ちを乗り越えて、ありのままの自分を抱きしめてあげる、なんて難しい話。だからこそ、ケルナの思いを表現するものとして、時には自分が写真のモデルになることもあった。ルッキズムと闘ってきた私自身の経験も含めて、ブランドを知ってほしいと思ったからだ。

私は、もちろん今でも運動する。もっと「キレイ」になろうという努力だってする。剛毛癖っ毛な髪にストパーだってかけている。でもそれらは、社会が決めつけたスタンダード・ビューティーに近づくためではけっっっしてない。かつて「漫画のヒロイン」になるために必要だと思っていた要素を手にいれるためですらない。私は、私の人生のヒロインなのだから。すべて「自分のため」だ。自分が自分を好きになるためにしていることなのだ。当たり前のことのようで、これがいかに難しかったか。くり返しになるが、「セルフラブ」の考え方は、自分磨きや「変わる」ことを否定したいわけでもない。自分が変わることが、「自分のため」なのであれば、ヘルシーなことだ。体重を増やすこと・減らすこと、髪を伸ばすこと・切ること、化粧が濃いこと・しないこと、正解なんてない。自分が自分をもっと好きになれるならば、自分で選んだものを精一杯楽しむべきだ。もちろん自分が変わりたくないなら、変える必要もない。

写真やプロダクトを通してケルナに込めた思いが、ちゃんと日本のお客さんにも届いているとと実感できたのは、起業して間もなく叶ったポップアップストアの時だ。準備段階から見てくれていた人たちと実際に対面するというのは、とても感慨深い。足を運んでくださる人たちは、フィットネスのみならず、スリランカ、ルッキズムなどいろいろな角度からケルナを知ってくれていた。「スリランカに興味が沸いた」、「ルッキズムについて自分も考えていた」などの言葉をかけてもらうこともあった。私にとって宝箱のような存在であるスリランカに興味を持ってくれるきっかけを作れたこともうれしいし、ルッキズムについて悩む人たちに、私の思いが少しずつでも届いていることもうれしかった。

実際にお話をさせてもらうと、やはりそれぞれ容姿に関する悩みを長年抱えている人が多かった。かつての私のようなダイエット沼のまさに渦中にいる人や、そこから抜け出そうとしている人など、ステージはそれぞれだ。ときどき話を聞きながら、過去の自分を思い出すこともある。そして、一人ひとり抱きしめてあげたくなる。私からの精一杯のエールとして。

ここで私が「あなたはとてもキレイだよ」と声をかけることはできる。それが少しでも前に進む力になれれば、と願う。でも、結局は自分で自分を認めてあげられないと前に進むことはできないのだ。それがルッキズムの呪縛の厄介なところでもある。私もルッキズム氏に撃たれ続けていた時、周りからのほめ言葉があっても、自分で自分を認めてあげることができずにいたから長年続いてしまったのだ。それでも、今悩んでいる人が自分を認めてあげるための励みになるならば、ほめ言葉をいくらでもかけてあげたい。

ポップアップストアで、はじめてお客さんと対面!

ポップアップストアでお手紙をもらったり、ウェブサイトやSNSから連絡をもらったりすることもよくある。「どうしたら自分の容姿をもっと受け入れられるのかわからない」というものが多いが、「子どもの頃に容姿に由来するあだ名をつけられてから、好きな服を着たり、写真を撮ったりすることがあまり好きではなくなった」という、まるで過去の私を見るようなものもあった。「デブスパッツ」の種はどこにでもあるのだ、と改めて思う。私自身は暗いトンネルの出口の向こう側にようやく足を踏み出せたとしても、まだまだトンネルの中を歩き続けている人はたくさんいる。なんって社会だ。そんな中でも、「ケルナの存在に勇気づけられた、少しだけ前に進もうとしている」という言葉をもらうときが、私も自分の人生をかけてこのブランドをはじめて本当に良かったと感じる瞬間だ。

同じ悩みを持つ人や、同じ問題にアンテナを張っている人同士が結束することを、「傷の舐め合い」や「フェミニストがなんか言ってる」とネガティブにとらえる人は少なくない。けれど、私は違うと思う。こうして、少しずつ小さな声が集まり、理解しあい、ともに前に進み続けることで、さらにその声は大きくなり、やがて変化に変わっていく。小さなブランドが作るポップアップストアやイベントという場が、同じ気持ちをもつ人たちと共感し合える場となり、誰かにとっての救いの場になっていく。そう信じている。

こうして、私はセルフラブを伝えるケルナの親となった。ただ、「仕事何してるの？」と聞かれた時、「フィットネスウェアのブランドを経営している」と伝えるのは、事実ではあるものの私の中でなんとなくしっくりきていない。私がやりたいのは、単純に「フィットネスウェアを販売する」ことよりも、「ケルナを通してスリランカと日本に笑顔を増やすこと」「自分たちの容姿や生き方を愛せる人を増やすこと」だからだ。かといって、このブランドの存在、私の実現しようとしている世界観を一言で総称するのも難しく、何をしているのか問われた時のシンプルな答え方がいまだに見つかっていない。

「スリランカの女性たちが廃材を活用して作るフィットネスウェアのブランドを経営していて、ブランドを通して日本の社会にルッキズムを問題提起しながらセルフラブを発信している」

ついこんな長い回答になってしまう。簡潔な答えを求められている場でもこの長い答えをねじ込むので、一番得意な早口言葉になったようにさえ思う。

この長文回答について、どうにかならないか何人かに相談をしていた時に言われた言葉がある。

「今までにないことをしようとしているのだから、それを一言で表す名詞がないのは当たり前かもしれない。同じことをしようとする人が今後出てきたら、ケルナというのが代名詞になるんじゃないの」

そうか。

私はスリランカで「セルフラブを発信する方法」と「スリランカの女性たちがインディペンデント・ウーマンであり続けること」を並行して実現する術を模索していて、「そういう団体があれば就職するのに」と思っていた。その時、アニメのセリフで「ないなら作る」ということに気づいたんだっけ。同じことをしている場所や人はいないんだった。だから、この長い回答でいいんだ。

注11　2014年11月6日放映、アメリカのテレビ番組「エレンの部屋」のインタビューより

第 4 章

「より笑顔になれる社会」を目指して

そして今
[日本で生きる現在編]

世界に一つだけの取扱説明書

現在、私は日本とスリランカを行き来しながら、ケルナを通じてセルフラブの大切さを発信し続けている。起業してからもトラブルやチャレンジは絶えない。おそらくこの先もずっとそうだと思う。スリランカでは電気不足による1日10時間近い停電、ガソリン不足による移動手段の制限、インフレ率大高騰、政治の不安定さ……などなど。挙げだしたらキリはない。スリランカと日本共通、いや全世界的なコロナ禍もあった。それでも、辞めたいと思ったことは一度もない。ルッキズムをやっつけたくて私一人が起業したところで、翌日に撲滅できるわけではないけれど、だからといって起業したことに意味がないわけではもちろんない。セルフラブの尊さを広めることで、誰かへの救いの手となれば、それが少しずつまた次の誰かにつながっていく。そして、少しでも誰かを勇気づけたり、自分を愛するためのヒントになっていることがうれしいのと同時に、ケルナの存在は常に自分へのセルフラブのリマインダーにもなっている。

長い長い時間がかかったが、ルッキズム氏の呪いからはだいぶ自分を解放することもできるようになった。残念ながら、ルッキズムがこの世からなくなったわけではない。ただ、ルッキズムの呪縛によって、画一的な美を求めて心身ともに不健康な状態に陥っていた自分はもう過去だと思える。「ありのままの自分を生きる」というテーマを大切にしながら大切な人たちと過ごし、目標もひとつずつ叶えることができて、私はとても恵まれていることを感じる。こんな日々は、昔の自分からは考えられない。ここまでは総じて幸せな人生を歩んでいると思う。でも容姿に関する「『自分のため』マインド」は、やっっっっと確立できてきた私でも、まだまだ「他人から認められたい」という思い自体は残っていたらしい。それに気づいたのは、実は結構最近のこと。

当たり前だけど、人生って良いこともあれば悪いこともある。そして悪いことってどうしてても続きがち。実はここ数年、体調がすぐれない日々が長く続く時期があった。良くなったと思ったら次の体調不良が降りかかってきたり、ＰＭＳ[注12]が悪化したり。ダイエット沼で不健康な生活を送っていた時に心が疲れ果てていたように、心と身体は、まーじーでつながっているので、身体が万全ではない状態が続くと、心もジワジワと持っていかれていた。そうなってしまうと、普段ならまったく気にならない「適齢期過ぎてるけど、まだ結婚しないの？」という年齢的に聞き飽きてきたフレーズでも「あ、もしかして私って世間的に求められていないのかな」なんてネガティブになったり。スリランカで生地屋の親子に言われたときは、ぷんすかした程度だったのに。幅広い年代が集うような場で「若い子」がちやほやされてるのを見れば、「はいはい、私はもうオワコン[注13]ってやつですか」と、また卑屈になっていったり。本来私は、結構明るい人間なはず（オタクモードが発動すると陰キャにはなるけど）。ただ、こうして身体が蝕まれると、どうしても過度にメンヘラ気味になってしまうところがある。自分でもわかってるんだ。けど、しょうがない、人間だから。そんなこんなで、身体も心も不安定な状態で、負のループに陥り、さらに体調も悪くなり、さらにネガティブになる時期が長めにあった。ついには、ＬＩＮＥやＳＮＳから距離を置いてた時期がある。デジタルデトックスって時に必要よね。その時に連絡をとって会っていたのは本当に数人だけ。

　その中の友だちの一人に「周りの言動に傷つきやすくなって、自己肯定感がすり減ってきている」と相談をした。そうしたら、「ゆうなは、少し他人の評価を気にして生きすぎかもしれない。もっと自分で自分を完結させられたら楽になるんだろうなと思う」と寄り添ってくれた。それなのに、私はそれが自覚できなかった。それこそ、長年闘ってきたルッキズムの呪いから自分を解放して、他人に見た目のことを言われても気にならなくなっていたし、一人で楽しめる趣味も多かったから「他人を求める」ことも少ない方だと普段から思っていた。他人の言葉で傷ついていたくせに、「私は他人の評価なんて求めてない」と思い込んでいた。だから彼女の言う「自分で自分を完結させる」の本来の意味があまりわからずにいて、なんなら否定してまっていたかもしれない。

その言葉はなんとなく頭に残りながらも、その後もなんだか元気にはなれずに過ごしていた。とにかく身体と心が連動していることは、ダイエット沼の経験からも痛いくらいにわかっていたので、「心が悶々とするなら、とりあえず身体を動かそう」と、なんとか身体から引っ張り上げることにしてみた。そう思えるまでには、まあまあな時間はかかったけれど。この頃には体調の悪さは抜けていたものの、しばらく身体を動かさない日々も続いていたので、心身ともに心地よい状態ではなかった。

そんな時、たまたま少し前にエントリーしていた大阪マラソンのことを思い出した。実は、フルマラソンの大会にエントリーしたのは6年ぶり。ずっと走り続けてはいたが、最近はもっぱらハーフマラソンや日常の軽いランニングを楽しむ感じ。けれど、たまたま友人たちと集まった時に、それぞれがなんらかの大きな目標に向かってキラキラしている姿に刺激を受け、その帰り道に「自分も何か頑張りたい」と半分ノリでエントリーしたのだ。ただ、フルマラソンに出るには相当真面目に練習をしないといけない。かつて「タスク」だったランニングを、「自分のために楽しむ」ものに変えてからは、そこまで練習をするモチベーションは正直なかった。何より、過度なダイエットをしなくなり、食べたいものを比較的自由に食べるようになっていた自分が、大会に向けて食事制限をするのも少し怖かった（もちろん必ずしないといけないわけではないが）。なので迷ったが、せっかく出場権があるならば、ここできちんと練習することで身体を健康的に動かして、元気な自分に戻れたらいいな、と出場を決めた。

……が、完走すれば「自分はこんなに頑張れて価値のある人間なんだ、オワコンじゃない」と社会に証明できる。そんな不健全な動機が顔を出した。フルマラソンは生半可な気持ちでは完走できない。それはかつての出場経験から私自身よくわかっていた。簡単ではないからこそ、それをやり遂げられたら「周囲への自分の価値の証明」になると思ってしまった。理解に苦しむ人もいるかもしれないが、私にとってはこの方程式がなんとなく成り立ってしまっていたのだ。そこからの練習はかなりストイックに頑張った。身体を動かすことで心も悶々とした泥沼から引き上げられるだろうと考えていたとおり、確かに後ろ向きなメンヘラ状態からは脱した。が、「証明してやるぅ」という別の歪んだ方向へ。それは自分でも感じるほどに強い強い気持ちだった。

以前フルマラソンの大会に出た時より、年齢も重ね、体重も増え、走る目的や頻度も変わっていたことから、練習では思うようなタイムがなかなか出なかった。が、大会に向けて走れる身体を作るためにものすごく久しぶりに糖質制限をして、必要な筋肉量を増やす筋トレもし、とにかく効率的に走る練習を続けた。ルッキズムに再びさいなまれる日々はごめんだったので、糖質制限は大会が終わったら速攻終了、ということは自分と約束した。トレーニング中は外食も減らしたし、メニューを考えて食事の準備をして、私なりにすごく頑張ったと思う。

その成果か、ある日の練習は調子が良くて、ついに昔の自分よりもいいタイムが出せた。それが、本当に本当にうれしかった。この時私はまだデジタルデトックス中で、ＬＩＮＥ

やＳＮＳを封印していたので、タイムを更新したことは誰にも共有しなかった。けれど、とにかくうれしくて、「よくやったね！すごいね！」と心の底から自分で自分をほめることができた。誰かに「イイね」してもらう必要も、共有してほめてもらうことも、認めてもらう必要もまったくなく、ただただ自分で自分が誇らしくて、とても気持ちがよかった。

ああ、彼女が言ってた「自分で自分を完結」ってこのことか。たしかに私は人からの言葉や評価を求めていたのかもしれない。この時ようやく気づくことができた。こうやって自分で自分を認めることの積み重ねで、きっと最終的に本当に自分軸でしっかり立つことができるんだ、と思えた。

体型に変化をもたらすこと自体は悪いことではない。
大事なのは「自分のため」かどうか。

そこからも糖質制限や練習にひたすら励んだが、「周囲に証明してやる」みたいな気持ちはいつの間にか消えていた。ばいばい不純な動機さん。というか、そもそもフルマラソンは決して楽ではない。それを、そんなモチベーションで頑張り続けること自体無理なのだ。不純な動機を手放してみると楽しくなってきた。新しく買った高機能靴下を履いたら走りやすくなったり、糖質制限の中でもすっごくおいしいメニューを考えたり。目標への道のりを最大限楽しみ、タイムを更新するたびに歓喜していた。本番の目標タイムも自己ベストに設定。実は大会3週間前にケガをしてしまったのだけれど、ここまでの反復作業でかなり自己肯定感が高まっていたので「絶対大丈夫。もし目標タイムで走れなくても、ここまで頑張ってきた自分は素晴らしい」と心の底から思えていた。練習をはじめた当初の私なら「これで本番に出られなかったり、タイムを更新できなかったりしたら、結局自分はオワコンなんじゃ……」なんて思っていたかもしれない。

大会までにケガの痛みは軽減したが完治はしなかったので、目標タイムには到達しなかった。けど、そんなことはどうだってよかった。とにかく走ることって本当に、本当に楽しいと心の底から思えた。ここまでよく頑張ってこれた。糖質制限も練習も大変だったけれど、やりきった自分が誇らしくて仕方なかった。

当日は、相談に乗ってくれていた友だちを含め大切な人たちが応援にきてくれて、その声援に、何度も涙が出そうになった。完走後、「自分で自分のために走り切り、成長できた気がする」と彼女に伝えた。

「最初は『周囲に認めてもらうため』なんて言っていたゆうなが、自分のために走る姿をそばで見て感動した。そして安心したよ」

ああ、こういうことだったんだぁ。いろんなことが急に腑に落ちて、また少し、視界がクリアになった。

マラソン完走後、近くに推しのパネルを発見♡（協賛でもなんでもない）

このレースのおかげで、私は自分をもっともっと好きになれた。周りへの愛と感謝も深まった。大会の後に食べた大好物のどん兵衛とガンダム型のチョコレート、めっちゃおいしかった！

容姿に関しては自分軸を持てるようになった私も、やはりまだまだ他人の評価を気にしていたことがわかったけれど、こうしてまたひとつ次のステージに立つことができた。大切な人たちと、ランニングと、自分のおかげ。少しずつ新たな扉を開きながら、また次の「ゴール」に向けて私は走り続ける。

ランニングは、私にとって人生のメタファーのようだ。立ち止まることもあれば、ゆっくり進むこともある。全力でスプリントすることだってある。逆走しない限りは、前にしか進まない。足を前に進めることができるのは自分しかいないが、周りには応援してくれる人もいる。決して一人なわけではない。私はそんなランニングが、ホントーに大好きだ！　かつては、周りの景色なんて目に入らないくらい心が死んだ状態で、痩せるために走っていた。つき合い方を変えるだけで、こんなにも自分にとってかけがえのない趣味になるなんて。あの頃の自分に伝えてあげたい。いや、待てよ、失恋後にランニングをはじめた当初、母親は確かに伝えてくれていた。痩せることに囚われ過ぎていた私は、それを聞くことができなかったんだ。ルッキズムの渦中にいると、周りも見えなくなるし声も聞こえなくなってしまうんだ。本当にこわいよ、あいつ。

でも、決して「では、みなさん走りましょう」と提案したいわけではない。ランニングの素晴らしさは伝えたが、強要するつもりもない。ただ今回、「自分の取扱説明書」を作っておくことが生きやすさにつながるとわかった。私の場合は、大好きなランニングの存在が、自己肯定感を上げるものとして取扱説明書に載っているだろう。これは、ランニングじゃなくても、なんだっていい。自分自身の生きやすさにつながるツールは、意外と意識してみないとわからないもの。私たち自身も成長するし、環境や社会も変わっていくからこそ、この取扱説明書は頻繁に自分でアップデートしていかないといけない。人生をかけて、常に編集し続けていくのだろう。忙しい毎日の中で、自分のための取扱説明書を改めて作ろうと思うこともなかなかないと思うけれど、だからこそ意識して一度向き合ってもいいんじゃない？　この取扱説明書の中身が「他人の評価」によるものではなく、「自分軸」であればあるほど、ルッキズムや、ほかのヴィランたちにも立ち向かいやすくなる。こいつらを社会から瞬殺できるわけではないなら、それなりに自分で生きやすさを持っておくのも、心を守るツールのひとつになる。

「自分の取扱説明書」の中では、服装やメイクのことなんかについても言及してもいいかもしれない。これらは、些細なことのようで、かなり自己肯定感につながるアイテムだ。特に、ルッキズムは体型だけではなく外見全体に対するヴィランだからこそ、なおさら「自分軸」を大切にしたい部分でもある。「30代らしい服」「女性らしい服」って誰が決めたのって思う。私が20代の頃は「コンサバ系」が周りで流行っていて、それがなんとなく「モテファッション」とされていた。当時ルッキズム戦争真っ只中にいた私は、自分の好き嫌いは関係なく、なんとなく良しとされていたからという理由で、そういったファッションを身にまとっていた。着る服に関しては「好き」「嫌い」が大事で、「似合う」「似合わない」は気にしなくていいと思うけど、確実に全然似合っていなかった(笑)

それは好きじゃなかったんだと今は思う。好きな服を着て、内からハッピーオーラがあふれていれば、結局なんでも勝手に似合う気がする。私は最近、なにかとアニメの推しキャラのトレーナーやTシャツを着るのが好き。TPOはもちろんあるけれど、コンサバ系を着ていた時の自分よりも、確実にかわいいと思う。自分で自分の「カワイイ」を決めていけばいい。何度も言うが、世間で求められているからといって「目を大きくするメイク」「胸が盛れるブラ」なんかにこだわる必要もない。自分が心地よいものを選んでいい。自分が自分を好きでいられる体型、食生活、服装、メイク、趣味。それらをどんどん「自分の取扱説明書」に載せていこうよ。もうね、今から！

34歳の誕生日記念ライド。着ている服に推しがいるが、モノクロの写真だとよく見えなくて残念。

最近、昔の写真を人に見せると「癖っ毛かわいいじゃん」なんてほめてもらえることがある。私がかつて囚われていた「細い・色白・直毛」の3大要素が、今では変わってきているのかもしれないと感じている。国や地域だけでなく、時代とともに「カワイイ」は変わる。でも私は、どんなに元来の癖っ毛をほめられようが、時代の流行が癖っ毛になろうが、ストパー万歳。だって直毛な自分が好きだから。今はね。好きなものは変わるので、取扱説明書はまた変わった時に都度アップデートすればいいのだ。

体型に関しては、健康体とするフォルムは、人によって異なる。私の場合、元来の体型、生まれつきの遺伝子、さらに生活リズムや運動量も人それぞれだから。私の場合、「デブスパッツ」だったり、ダイエット沼状態だったり、いろいろな時代を経て、今の自分の体型が心身ともに一番健康体だと思う。運動の結果か、比較的太ももがたくましい。ときどきSNSで「太もも、意外と太いね！」なんてメッセージがくることがある。文字だけなので、これだけ読むと、ほめ言葉なのか、意地悪なのか、特に意図はないのか、まったくわからない。私はマラソンも走れて、ロードバイクも乗れて、いろいろな世界に連れていってくれるこの脚がかなり好きだから、言及してもらえてうれしいけど。ありがとう（笑）。けれど、痩せなきゃと思い続けていたルッキズム激戦下の私がそんなメッセージを受け取ったら……考えただけでも恐ろしい。だからこそ、言葉を発信する時は受け手の気持ちを想像することが本当に大事だ。ちなみに太ももは、太いから「太」ももだろがーい！

注12　月経前症候群。生理の前に起こる身体的&精神的不調。生理中や生理前は、いつもの百倍やさしくしてほしい。
注13　「（すでに）終わったコンテンツ」の略。流行が去った、魅力を失った、などで人びとが興味を示さなくなっている状態。

「いい女」ってなんだよ

ルッキズムを乗り越えても、まだ他人の評価を求めてしまうこともある。その対策として「自分の取扱説明書」を作る術を知った。とはいえ無条件に生きやすい現在を送れているかと言えば、残念ながらそうでもない。ネガティブになりたいわけではないけれど、きっとみんなどこかしら生きづらさを抱えながら、日々過ごしている部分は多かれ少なかれあるんじゃないだろうか。私はそこに「日本社会ならでは」の生きづらさもあるのではと思っている。本書を通して、スリランカ、そしてインドやアメリカなど、海外の話をしながらここまで日本のことをあれこれ言ってきた。でも、私は魅力がたくさん詰まった日本という国が、基本的に好きなのだ。大好きな部分もたくさんあるからこそ、そうした生きづらさを自分たちの手でひとつずつ解決して日本をよりよい場所にしていきたい、していけると信じているからこそ発信している。

日本社会の生きづらさのひとつに気づいたのは、スリランカに駐在していた時だ。海外駐在のときに家族やパートナーが同行することはよくあるけれど、一般的には妻が夫についていくことが多い。日本社会でサラリーマン男性が家族のために退職して数年後に再就職するのは容易ではない。もちろん職種にもよるし、現在はそれが可能なケースも少しずつ増えてきたのも事実。けれど、まだまだ主流とは言えない。だから、私がパートナーに「結婚して、ついてきてくれ」と言うことはなかったけれど、私が男性だったらどうだっただろう。私はこの男女差になんら疑問も持たず、「そういうものだ」とどこかで思っていた。

ところが、現地で他国の外務省メンバーと会議をしたときに驚いた。多くの重要なポジションに女性が就いており、駐在にはパートナーがついてきて「彼は帰国後また再就職する。働くのを数年ごとに交代してる」なんて平然と言っていたのだ。その時はじめて自分が持っていた「当たり前」の歪みに気づき、彼女たちの「当たり前」な環境をとてもうらやましく思った。そして、やはり日本はまだまだ「気づきにくい生きづらさ」があるんだな、とも。日本の社会には、人生に対する「正解」や「であるべき論」が強く根づいている。その敷かれたレールから外れて歩くには、それなりのパワーが必要だ。でも本来、どんな生き方だって、無駄に踏ん張る必要なんてないはずなのに。

「そういうものだ」で流されてきてしまったもうひとつに、名字のこともある。もともと学生の頃から、なぜどちらか片方に合わせなくてはいけないのか、それが日本だと高確率で女性が男性に合わせているのはなぜなのか、と疑問に思っていた。私の場合、起業をしたことにより自分自身の名前で活動することが少しずつ増え、自分の名字をキープしたいという思いがより一層強くなった。もちろん変えたい人もいるし、変えることによろこびを感じる人もいて、それを批判するつもりはまったくない。ただ、私のように変えることに抵抗があり、煩雑な事務作業に前向きになれない人は、選択的夫婦別姓の制度が実現していれば、どんなに選択肢が増えることか、とも思うわけで……。

日本社会では、「いい女」「いい男」なんて言葉もよく耳にする。はたして「いい女」とやらの定義はなんだろうか。かつての私は、そのひとつの条件が、容姿が日本のスタンダード・ビューティーに近いこと、だと長年思い込み、心を失ってまで痩せ続けた。そこからはだいぶ解き放たれたけれど、今度は社会が押しつけてくるほかの条件たちが次々と襲いかかってくる。

「適齢期」で結婚していること、子どもがいること、仕事を頑張っていること、家事ができること、気が使えること、頭がいいこと、だけど少し隙もあること、「女性らしさ」とやらが備わっていること、笑顔がかわいいこと、男性社会に華を添えられること……もう次から次へとエンドレスに「であるべき論」が降りかかってくる！　性別を男女のみの枠で語ること自体どうかと思うのに、そこで「女性らしさ」って何？　もはや理解不能な言語に感じてしまう。若いことが良いこと、なんて風潮もそのひとつだ。年齢は逆戻りできないし、年代ごとの魅力があるのに。

これらの条件をクリアしていないと、自分は「いい女」とは呼べない欠陥品なのではないだろうか、なんて思わされてしまう。私は女なので、女性からの視点でしか話せないが、きっと「いい男」サイドだって同じことだろう。「いい男」の条件を窮屈に感じる人もいるのではないだろうか。これはルッキズム問題と共通するものがある。自分がスタンダード・ビューティーの「であるべき」に当てはまっていないと、何かが不足していると思わされてしまう、あの構造と。それが、容姿だけの問題ではなく、生き方そのものに対しても降りかかってきているという、さらにビッグな問題が見えてきた。

スタンダード・ビューティーだけではなく、スタンダードな考え方、生き方、立ち居振る舞い。決して、スタンダードがあることは悪ではないけれど、日本社会は本当に「同調圧力」が根深いったらありゃしない。前ならえが美徳というか、幼い頃から同調圧力が無意識に生活に刷り込まれている。日本ではスパッツを単体で穿くファッションは見かけない、だから変なあだ名をつけてもいい。背景にあるのは「同じような格好をしてないと変」という同調圧力の影響だ。「女の子はロングヘア、ピンクが好き」なんていう典型的なジェンダーバイアスだって、大本は同調圧力じゃないだろうか。今でこそランドセルの色はカラフルでどれを選んでもよくなったが、昔は女の子で紺色を持っていたらおかしいと後ろ指を指されていた。不動産で会社員をしていた頃も、スタンダードからかけ離れた意見を言えば、決して間違っているわけでも迷惑をかけているわけでもないのに「前川は帰国子女だから変なやつだな」と排他的に扱われることもあった。同調圧力の中に入れない人は居心地が悪かったり、「自分たちとは違う」とカテゴライズされたりする。

まだまだある。いわゆる「適齢期」で結婚することを良しとするのも同調圧力の一種だ。「みんな」このくらいの年齢で結婚している、あなたは？　と。そして、同調できていない自分はやばい奴なのか？　と思わされてしまう時だってある。

同調圧力国家ゆえにチームプレイが円滑にいきやすいとか、派手な衝突が少ないとかのメリットもあるだろう。確かに、自己主張の塊みたいな人たちしかいなかったら、めちゃくちゃになるのかもしれない。けれど、それがあまりにも、あらゆる場面に広く、根深く波及しすぎているのではないだろうか。もちろん同調していないことでほめられるケースもある。「カリスマ性があるねえ」とか。けど、人と違うことをしている多くの人は、ほめられたくてしているわけではないのでは。もしくはそこに行き着くまで、かなり踏ん張ってきたことも想定される。

「みんな違って、みんないい」。当たり前のことなのに社会にはまだ組み込まれていない。

それは容姿のこともだし、生き方そのものもだし。だから同調できない人はどうしても生きづらさを抱えていかないといけない。なぜ私たちは合わせなくてはいけないんだ。なぜ合わせられないだけで踏ん張らなきゃいけないんだ。容姿に悩んでいた悶々とした気持ちの元凶がルッキズム氏というヴィランだとわかった時と同じように、この多くの生きづらさの裏にいるのが同調圧力野郎だとわかった途端、裏ボスの存在が見えたように感じる。問題に名前がついたり、構造が見えてきたりしても、まだ払拭はできない。でもたったそれだけでも、次のステップには確実に進める。

いくらルッキズムという最初のヴィランを倒したからといって「るんるんっ」と生きやすい日々を送れているわけでもないことは、これまでお伝えしたとおり。現在の私も生きづらさはまだまだあり、頭を悩ませている真っ只中でもある。楽な人生を歩みたいとかそんなんじゃない。個人の成長につながる挑戦や葛藤と、社会が課してくる不要な生きづらさは別モノ。後者に関しては、やはり取り除いていきたいものだ。

いろいろなものと戦っているうちに、いつの間にか、女戦士みたいな気持ちになってきた。でも別に戦いたかったわけではないんだけどな。ルッキズムとも日本社会とも好んで戦ったわけではない。当たり前だけど、私たちは生きづらさを抱えたかったわけではない。それでも、現代を生きる私たちは、正体がよくわからないさまざまな何かと常に隣り合わせで、きっと今この瞬間にもたくさんの戦士が生まれている。

「知る」という歩み寄りで叶う世界

私たちにとって今の日本社会は、まるで終わりのない障害物競走のようだ。マラソンにはちゃんとゴールがあるからつらくても頑張れるのに、この生きづらさにはたしてゴールはあるのだろうか。せっかくルッキズムのトンネルから出られたと思ったのに、またしてもそんな気持ちになってしまう。こんな凝り固まった社会で「ありのままの自分を生きる」って、めちゃめちゃエネルギーを使うことだ。シンプルなことなのに、なぜ私たちは疲弊しないといけないのだろう。

何が厄介って、特定の誰かがいじわるをしようとして、この固定観念を作りあげているわけではないのだ（さすがに悪意ある行為からきているなら、ヤバすぎるので、そうではないと信じている）。スタンダード・ビューティーだって、「いい女」論だって、「ちりつも」で社会が作り上げてきてしまったもの。私たち自身だってそこに加担してしまっていることもあるかもしれないのだ。

ルッキズムに関してだって同じこと。私たちが「良かれ」と思って身体のパーツをほめたことが、相手にとってはコンプレックスを引き出される原因になることだってある。それこそ決して悪意のある行動ではない。

「社会」という名の誰かが、私たちを故意的に苦しめよう、いじわるしようと悪意を持ってこの状況を作りあげてきたわけではない。だから特定の犯人探しなんてできないのだ。なので、私もここで犯人を吊し上げて、解決策をポンっと提示することができない。悔しい。

そして、私もまだ渦中にいる人間だからこそ、残念ながら本書に「こうしたらいい」「これで簡単に解決！」などとハウツー本のような要素を加えることはできない。けれど、こうして「知る」ことにより、少しずつ一人ひとりの意識が変わり、「小さな声」でも、たとえかすれ声だとしても、どんどん集まっていくことでやがて大きな変化に通じると信じている。だからこそ、こうして何らかの形でそれぞれが思っていることを、どんな形であっても発信することに意味があるんじゃないかな。

「小さな声」が集まっていく力を感じたのは、私が卵子凍結について発信をはじめた時も同じだった。それまでは仕事一筋だった私も、30代になり、結婚や出産について考えはじめた。スリランカから日本に帰国した30歳の頃、周りには、独身、既婚、妊娠、子育て中、とさまざまな状況の友だちがいた。もちろん人生に「正解」はないし、それぞれが選んだ道がその人にとって何よりの正解だ。けれど、妊娠や出産に関しては、未来にそれを望んでいたとしても「いつだってできる」というわけにはいかない。ただでさえ、さまざまな奇跡や偶然の連続なのに、そこに体内年齢という事実も重なってくる。さまざまな自問自答の末、私は卵子凍結という道を選んだ。

しかし、あまり広くは知られていない卵子凍結の世界は、当事者になってはじめて知ることばかり。独身の私が卵子を凍結するのは保険適応外だったり、一人で婦人科の待合室で待ち、自己注射をして採卵をする過程はかなりしんどいものだと知ったり。いわゆる「女性の社会進出」の「進出」を果たした結果、なぜ保険の恩恵すら受けられないのだろうか。理不尽すぎん？　心と身体だけではなく、口座残高まで痛むなんて、つらすぎ！

これらの制度を決定する場に、「自分ごと化」できるメンバーがいなかったのかもしれない。わからない限り、なかなか目がいかないことなのかもしれない。私も当事者になるまでは、知らないことがすごく多かったし。だけれど、こうして自分が体験したことを小さい声ながらSNS上で発信し続けたら、想像を超える数の人たちから連絡をもらった。それは、同じ状況にいる人、情報として気になっていた人、状況は違うけど自分自身も不妊治療に苦しんだ人、本当にさまざまな「声」だった。これらは確実に私にとっての「居場所」になり、力をもらえた。そして、いかに多くの「仲間」がいるのかということも知り、これらの「声」をもっと聞いてもらえる世の中になれば良いのに、と思った。

ちなみに、私の友人たちは、プライベートのステータスがどんなものか関係なく、「独身の卵子凍結」に関してやたらと詳しい人たちが多い。ルッキズムという単語にもかなりなじみがある人たちばかりだ。それは私が、ごはんに行った時や飲みに行った時などにさんざん話し続けていたから（笑）。まさにこれも小さな声のパワーであり、日常の会話の中で話すだけでも意味がある。こうして自分の悩みや関心のあること、周囲に知ってほしいことについて、「会話」「発信」「知る」などを日常の中で意識していくことで、歩み寄りができ、それぞれが見える世界が変わってきて、かける言葉が変わってくる。私自身も自分とは違う環境にいる友だちの悩みを聞くことで、当事者になることはなくても、それを「知る」ことができる。そうやって歩み寄りをしていきたいと常々思っている。より良い社会作りとは、そのくり返しなのではないだろうか。

日本社会の意思決定者にこそ、この「知るという名の歩み寄り」を実践してみてほしい、と私は思う。残念ながら今の社会では、当事者を置いてきぼりにして「自分ごと化」できないまま意思決定が進んでいってしまうことが大いにあるからだ。それは、決して単純に彼らが悪いわけではない。なぜなら、私だって、「自分ごと化」できていない問題は数えきれないほどあるし、みんなそうだろう。私は、女性として、30代として、起業家として、といった自分の構成要素や属性、その立場だからこそ見える社会問題は、「自分ごと化」できる。けれど、そこに該当しない人が見えている問題を、パッと自分ごと化するのはなかなか難しい。でも、だからこそ「耳を傾ける」「声を聞くようにする」「歩み寄る」「知る」に尽きると思う。当事者ではないからこそ、完全に理解することはできなくても、歩み寄ることで、異なる他者との境界線はゆるやかになっていくはず。ひとつの社会の中にたくさんの考え方があるのは当然で、価値観も数えきれないくらいある。けれど、だからといって「対立構造」を作ってしまうことは、とても非生産的ではないかと思ってしまう。建設的に前に進んでいくには、「考える材料」をどれだけ装備しているか、そのためにはどれだけ「知る」努力をしているか。

「知ろう」という思いをもつことで、その先の言動は変わってくる。もちろんルッキズムに関してもそうだ。たとえば、背の低い友人の「足が短くみえてしまうことがいやだから、パンツスタイルの時は丈にも素材にも相当こだわっている」、背の高い友人の「会話をする時に他人に目線を合わせると猫背になってしまうのが悩みだ」など。自分は身長に対しては「当事者として」悩みはなかったとしても、周りのこういう声に耳を傾け、知り、頭に入れておくだけで、相手への声の掛け方は変わってくる。匿名の書き込みでもリアルの会話でも。悪気のないものから、攻撃的なものやちょっとイタズラ心のあるものまで、かつての私にとっての「デブスパッツ」と同じように誰かが傷つく言葉はそこらじゅうに転がっている。それが時に長い呪縛となりうることを忘れないでほしいと思う。

ルッキズム問題だけにとどまらず、日本社会の「であるべき論」が振りかざしてくる悶々とした生きづらさについて、誰かが声にした時には、たとえ自分自身が直接的に当事者になることはなくても、「知る」努力が最たる歩み寄りだと私は思う。それは、友人関係、家庭、会社……いかなる場所でも。そうして、だんだんやさしく、生きやすい居場所が作られていくと思っている。

ありのままの自分を生きる

ところで、本書の一部もスリランカの空の下で執筆をした。その際、やっぱり周りにいる人たちの温かさ、自信のある姿、陽気さが何度も私を励ましてくれた。執筆のためにカフェでパソコンと向き合っていたら、ビキニのような薄着の女性が目の前の席に座った。確かに赤道至近の南国ではあるが、もし日本のカフェでこの格好の人が来たら、変な目で見る人もいるかもしれない。見えている部分の体型も、日本社会が求めているようなものでは到底ない。自分の前に座る彼女に目を向けたら、彼女は満面の笑みを返してくれた。

「仕事中？　ここ座っても大丈夫？」

その表情は、なんだかセルフラブにあふれていて、とても、とてもかわいかった。

今回のスリランカ滞在中、現地の友だちが私の誕生日を祝ってくれたことがあった。コロンボによくあるプールつきのアパートに住んでいる子だったので、数人でそのプールに集まることにした。私が、最後に水着を「堂々と」着たのは、おそらくダイエット沼の渦中にいた20代の頃だろうか。いや、むしろその時は「もっと痩せないとダメだ」と常に思っていたので、「堂々と」していたのは写真の中だけで、実際はしていなかったか。あの頃重要視していたのは、いかにSNSに載せる写真が「細い」か。そして、友人たちにとにかく「細い」と言われること。そのために、水着を着る直前は何も食べなかった。その後なんとなく水着を着る機会はなく、本当に久しぶりだったが、私はなんの迷いも恥じらいもない自分に気づいた。数年前なら「そんな急に企画されたらダイエットが間に合わない」なんて思っていたかもしれない。今回は、水着を着る前日も、なんなら当日の昼も会食があったので、スリランカカレーをお腹いっぱい食べた。

今の体型は決して20代の頃のように細いわけではない。かといって、不健康に太ったわけでもなく、私自身が心も身体も一番バランス良く感じる状態の「健康体」だ。それは、プールにいたほかの人よりは細く、また別の人よりは太いかもしれない。けれど、そんなことは一切気にならず、水着を着ることになんら抵抗もない。周りも気にしている様子などない。みんなと過ごせるその時間を、純粋に楽しめた。もし20代の頃にそれができていれば、海やハロウィンでの思い出はもっと違うものになっていたのかもしれない。そもそも、20代を通してもっと笑顔で過ごせる瞬間が多かったのかもしれない。やはり、私はこの南国の空の下で、ようやくルッキズムという名の鎧を脱いで、生きやすさを手にいれたのだろう。

鎧を脱がせてくれたスリランカで。ケルナのウェアを着て、セナリ(左)と。

日本に帰国して飛行機を降りたら、後ろから知らない女性の声が聞こえた。

「この旅を経て、私は考え方が変わったよ。物よりも、時間や笑顔を大切にしたい。もっと自分の感情に正直に生きようと思ったよ」

この人とは直接話すこともなく、後ろにいたのでどんな人かも知ることはなかった。なので、実際に彼女の身に何があって、何を思い、どんな感情に正直になりたいのかはわからない。けれど、スリランカという国や人は、こんなふうに私たちを少しだけ楽にする魔法をかけてくれるのかもしれない、と感じた。

自分の感じてきた悶々とした気持ちが「ルッキズムというもの」だと気づき、それに打ち克つまでに何年の時間を要したのだろうか。今まさに渦中にいる人はどれくらいいるのだろうか。「ありのままの自分を生きる」が簡単なことではないのは、今でも身をもって感じている。

でも、ルッキズムに悩む人たちが、全員スリランカに行けるわけではない。

そして、残念ながら、スリランカに行ったからと言って必ず解決するわけでもない。

ルッキズムを乗り越えるまでには、数々の経験、言葉、巡り合わせのコンビネーションと最適なタイミングも必要だから。私もたくさんのきっかけ、時間、経験を要してようやくここまできたのだ――日本の友人からの「ゆうなとの外食が楽しくなくなった」という指摘、アメリカで言われた「君はセクシーではない」という言葉、フィットネスとのつき合い方の変化、インドやスリランカでの気づきや経験。そして何億時間にも感じるほどの、自分自身との会話、自分をほめるという難しい習慣化への挑戦。

だから起業して、セルフラブの大切さを発信した。そして「悶々としているのは、あなたひとりじゃない」「あなたはありのままでとても美しい」「悩みがなさそうな人も悩まされている現状」を伝えることで、さらに本書を綴ることで、誰かの「きっかけ」をひとつでも増やせたら……そう思っている。ここまでの言葉や、経験の共有で、何かがあなたにとってのヒントになれば幸いだ。もし、幸せなことにルッキズムに呪われることの少ない人生だった人がいるならば、目の前の相手もそうだとは限らないことを知り、かける言葉を変えていくきっかけになればと思う。堂々と楽しそうに自撮りをするスリランカ女性たちのようなパワーが私の言葉に宿り、誰かの背中をそっと押せたら。日々、そう願っている。

おわりに

「痩せたらかわいいのに」
「胸が大きくてうらやましい」
「美人はいいね」

これらの言葉に「ルッキズム」という名前をつけられず悶々としている人は、まだまだたくさんいる。人に知られないように小さく傷ついている人も、今もこの世にたくさんいるだろう。「ありのままの自分でいる」と言うのは簡単だし、よく耳にするフレーズかもしれない。それでも、「自分を生きる」のはなかなか難しい世の中だ。自身がそうだったし、今でもときどき意識的に自分にやさしい言葉をかけてあげないと、ノイズにのまれそうになることはある。

そんな人にとって、この本の存在が「ありのままの自分」を受け入れるきっかけになったら、そう願う。私が長年葛藤してきたルッキズムとの闘いを伝えることで、多くの人が少しでもルッキズムに立ち向かえることを知り、自分自身を抱きしめてあげられるようになっていますように。

私は「ありのままの自分でいるためのヒント」を、たくさんの人、言葉、経験から得たことで、自分で自分の美しさを決めていくマインドになれた。スリランカでの日々を通して、社会が「良し」とする在り方に無理して合わせる必要性から解き放たれ、生きづらさから少し離れることができた。その経験をもとに、こうして本という形のラブレターをみなさんに書かせてもらった。

歩み寄りの第一歩は「知る」こと。「知る」ことで、かける言葉、とる行動も変わってくる。そして「知る」ためには、誰かが日々の悶々とした気持ちを発信することが欠かせない。それには、必ずしもインターネットという大海原に言葉を残すなんて必要はなく、普段している友だちとの何気ない会話の中にすべりこませるだけでも共感が生まれうる。もし、一緒にルッキズムと戦いたい思いが少しでもあるなら、小さくてもいいからその違和感を言葉にしてみてほしい。

日々、ルッキズムにまつわる発言を耳にする。それは悪気のないもの、匿名ゆえに攻撃的なもの、いろいろだ。私自身も、そういう言葉を投げかけられることもある。言葉は鋭いし、ずっと心のなかに残る。「デブスパッツ」という呪いが私の中で何十年も残り続けたように。もし、そんな傷つく言葉を浴びてしまったら、この本を開いてほしい。あなたは一人じゃない、欠陥品でもない、ルッキズムというヴィランのせいだ、あなたはキレイだ、と私は何百回でも言ってあげたい。そして最初にも伝えたけれど、お守りのように、この本を持っていてほしい。24時間無条件にセルフラブをするのは難しいからこそ、自分だけではなく、人にもやさしくあり続けたい。ルッキズムに触れるような外見に関するコメントではなく、誰もが喜ぶような、笑顔になれるような言葉で。なんなら「ありのままのあなたが大好きだよ」なんて照れくさいことも時には言ってみたりね。言葉が刃物になりうるのと同じくらい、前向きになれる言葉は最高のビタミンにだってなる。私もそういう言葉は大好き。

自分や大切な誰かにひどい言葉を向けられた時、誰もがその場で意見を言うのは難しいだろう。空気読め、なんて言われちゃうかもしれない。そんな時は、本書をバトンのように使ってみてほしい。何気なく誰かのそばに置いてみたり、周囲の人に「読んでみて」と渡したり。そうすることで気づきを生むツールになったらいいな、という思いを込めて精一杯書いてきた。

日本社会にも光はすこ〜しずつ見えてきたとも思う。たとえば、10年以上前だったら、自撮りすることが嘲笑されていたような風潮もあった。それが今ではごく普通のことになって、抵抗感が払拭されてきた。とはいえ、実際に撮影された写真に対して、本人がどう思うか、自分で「キレイだ」といえるのか、どこまで「加工」をするのか、などはまた別の問題ではある。けれど、ここまで読んでくれたなら、この本を閉じた後、ぜひ自撮りしまくって、自分をほめまくってみてほしい。

長年のルッキズムとの闘いを経て思うのは、「自分」という存在を「親友」のように扱ってほしいということ。大好きな親友に「今日全然キレイじゃないね」「欠陥品のような存在だな」「もっと変わらないとだめだよ」なんて絶対、ぜーーーったい言わない。そんなこと言う友だち、怖すぎて一緒にいられない！どうして人は、他人にはやさしくできても、自分には厳しくなってしまうのだろうか。どうして、こんなにも自分を抱きしめてあげることが難しいのだろうか。ダイエット沼にいる頃、私は朝起きて鏡を見るたびに「今日の私もまだ足りない。もっとキレイにならないと」なんて思いながら過ごしてしまった。かわいそうだ。

生まれた日から、この世にお別れを告げる日まで、「自分」という存在とは永遠につき合っていく。その「自分の容姿」とは、一生脱ぐことのない、最高で最強の贈りもの。だから、ひたすらやさしくして、ほめ続けようよ！

「今日も、私最高～！♡」

前川裕奈（まえかわ・ゆうな）

1989年生まれ。慶應義塾大学法学部卒。三井不動産に勤務後、早稲田大学大学院アジア太平洋研究科にて国際関係学の修士号を取得。独立行政法人JICAでの仕事を通してスリランカに出会う。後に外務省の専門調査員としてスリランカに駐在しながら、2019年8月にフィットネスウェアブランド「kelluna.」を起業。現在は、日本とスリランカを行き来しながらkelluna.を運営するほか、企業や学校などで講演を行う。趣味はランニング、ロードバイク、漫画、アニメ、声優の朗読劇観賞。

kelluna.（ケルナ）

“Beauty comes from self-love（美とは、自分を愛すること）”というコンセプトをもとに、スリランカの女性たちの働く力をサポートしながら、日本にボディ・ポジティビティやセルフラブの大切さを発信しているフィットネスウェアのブランド。「自分に優しく（self-love）、ヒトに優しく（雇用の創出）、地球に優しく（廃材の活用）」をブランドのミッションとして掲げる。

[URL]www.kelluna.com

そのカワイイは誰のため?

ルッキズムをやっつけたくて
スリランカで起業した話

2023年6月30日　第1刷発行

著者	前川裕奈
表紙写真	石野明子（Studio Fort）
イラスト	井竿真理子
Special Thanks	ウィルソン麻菜
ブックデザイン	小口翔平＋阿部早紀子（tobufune）
本文DTP	木澤誠二
編集	西村薫
発行者	山手章弘
発行所	イカロス出版株式会社 〒101-0051 東京都千代田区神田神保町1-105 電話　03-6837-4661（出版営業部） メール book1@ikaros.co.jp（編集部）
印刷・製本所	図書印刷株式会社

Printed in Japan